독해의 중요성

독해의 정의

글을 읽어 이해하는 것을 '독해'라고 합니다. 문자 언어로 되어 있는 정보를 읽고 이해하는 능력 없이는 어떤 학습도 제대로 해낼 수 없습니다. 독해는 모든 학습의 기초입니다.

독해의 과정

글의 내용을 이해하는 데에 그치지 않고 스스로 비판하며 읽는 능력을 키웁니다. 본 교재는 글을 읽고 내용을 파악하는 '사실적 읽기'에서, 이해한 내용으로 자신의 생각을 정립하는 '비판적 읽기'로 나아갑니다.

독해의 방법

초등학생 때에는 여러 장르의 글을 읽어 배경지식과 글 읽는 방법을 습득하는 것이 좋습니다. 본 교재는 설명하는 글, 생각을 나타내는 글, 인물 이야기, 시, 동화와 같이 다양한 글을 정확하게 이해하는 데에 중점을 두었습니다. 구체적으로는, 핵심어와 주제 찾기, 내용 파악, 요약하기 등이 있습니다. 이렇게 파악한 내용을 바탕으로, 앞뒤 내용을 살펴 추론하기, 감상, 적용 등 다양한 문제를 풀어 나갈 수 있습니다.

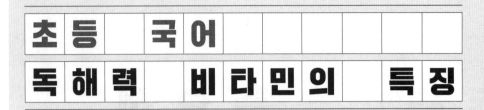

초등 국어 독해력 비타민의 특징

학습 단계를 학습자 수준에 맞게 선택할 수 있습니다.

본 교재는 모두 여섯 단계로 구성되었습니다. 각 학년의 교육 과정과 연계하여 만들었으므로 자신의 학년에 맞는 단계를 선택하는 것을 권장합니다. 그러나 어린이 학습 능력에 따라 단계를 달리 선택할 수 있습니다.

다양한 장르와 폭넓은 소재에 대한 적응력을 기릅니다.

종합적인 독해 능력 향상을 위해 문학과 비문학의 글을 고루 실었고, 그 내용도 문화, 정치, 역사, 예술, 사회, 경제, 과학, 인물 등 다양합니다.

독해 방법을 쉽게 배울 수 있습니다.

핵심어 찾기, 주제 파악하기, 제목 짓기, 글 구조 이해하기 등 다양한 문제를 풀면서 독해 능력을 기를 수 있습니다.

자기 주도 학습을 할 수 있습니다.

매회 틀린 문제를 확인할 수 있도록 '자기 주도 학습 점검표'를 만들어 두었습니다. 어린이 스스로 본인의 부족한 면을 점검할 수 있습니다.

능동적인 글 읽기를 할 수 있습니다.

독해의 목표는, 글쓴이가 무슨 의도로 글을 썼는지 이해하는 것에서 출발하여, 자신의 생각을 바로 세우거나 상상의 날개를 펼치는 것까지입니다. 본 교재는 이 모든 측면을 고려하여 만들었습니다.

배경지식을 넓힐 수 있습니다.

글에 대한 이해력뿐 아니라 풍부한 지식이 있어야 독해를 잘할 수 있습니다. 본 교재는 다양한 주제의 글을 실어 글의 이해와 함께 글과 관련한 여러 지식을 쌓을 수 있도록 돕습니다.

지도 방법 본 교재는 기본적으로 어린이가 스스로 공부할 수 있도록 구성하였습니다.
그러나 부모님이나 교사가 지도하신다면 다음을 참고하세요.

1. 글의 종류 및 난이도에 따라 제시문을 배치했습니다.
집중적인 학습을 원한다면 한 장르를 모두 끝내고 다음 장르로 넘어가세요.
다양한 글에 대한 적응력을 키우고자 한다면 순서에 상관없이 여러 장르를
번갈아 학습해도 좋습니다.

2. 출제 의도에 따른 [자기 주도 점검표]가 있습니다.
점검표에서 틀린 항목을 골라 그 출제 의도가 무엇인지 설명해 주세요.

출제 의도 문제마다 출제 의도를 밝혀 이해를 돕고 있습니다.
제시문의 특성에 맞게 문제 유형을 달리하여 독해의 방향을 제시하였습니다.
즉각적인 피드백을 통해 학생의 강점과 약점을 파악하여
독해 전략을 세우는 데에 길잡이가 됩니다.

다음은 본 교재에 나오는 [출제 의도]에 따른 문제 유형의 예입니다.

핵심어	글에서 가장 중요한 낱말.	**어휘**	글에 나온 낱말 뜻.
제목	글 전체를 대표하는 이름.	**인물**	등장인물에 대한 이해.
주제	글의 중심 생각.	**배경**	글의 바탕인 시간과 장소.
요약	글의 주요 내용을 정리.	**구조**	글의 짜임.
줄거리	글의 내용을 순서대로 정리.	**표현**	비유와 상징의 이해.
적용	글의 내용을 다른 상황에 대입.	**추론**	글의 내용을 바탕으로 그 안에 숨은 뜻을 추측.
감상	글의 심도 있는 이해와 평가.		

초등 국어
독해력 비타민의 구성

회차

제시문 순서에 따라 회차 번호만 있을 뿐 글의 종류나 제목을 표시하지 않았습니다.

학습자의 상상력을 자극하여 적극적으로 읽는 습관을 기르기 위함입니다.

1회

틀린 문제 유형에 표시하세요.

☐ 인물 ☐ 어휘 ☐ 내용 파악

여우가 길을 급히 달려가다가 발을 잘못 디뎌 그만 우물에 빠졌습니다. 우물이 깊지는 않았지만 혼자서 빠져나올 수는 없었습니다. 그때 마침 염소 한 마리가 옆을 지나다가 우물을 들여다보았습니다. 염소는 몹시 목이 말랐습니다. 그래서 우물 속에 빠진 여우에게 물었습니다.

"여우야, 물맛이 어때?"

"기가 막히게 좋아. 너도 어서 내려와 마셔 봐."

여우는 마침 잘됐다고 생각하며 거짓말을 했습니다. 염소는 ㉠ 여우의 말을 곧이듣고 우물 속으로 뛰어내렸습니다. 물을 실컷 마신 염소는 여우와 마찬가지로 혼자서는 올라갈 수가 없었습니다.

"이걸 어쩌지, 올라갈 수가 없잖아."

"염소야, 걱정할 것 없어. 네 앞발을 우물 벽에 대고 뿔을 위로 세워 봐. 그럼 내가 먼저 네 등을 밟고 올라가서 내 꼬리를 내려줄게. 너는 그것을 물고 올라오면 돼."

염소는 여우가 시키는 대로 했습니다. 여우는 염소의 등과 뿔을 밟고 우물 밖으로 쉽게 빠져나갔습니다.

"여우야, 나도 빨리 올려줘."

"바보 같은 소리 그만해. 너는 무거워서 내가 끌어올릴 수 없어."

염소는 기가 막혀서 큰 소리로 말했습니다.

"그런 법이 어디 있어? 약속은 지켜야 할 거 아냐?"

그러나 여우는 고개를 돌린 채 걸어가며 말했습니다.

"㉡ 염소야, 네 턱에 난 수염만큼이라도 꾀가 있었다면, 다시 나올 방법을 살펴본 다음에 우물에 뛰어들었을 거야!"

(이솝 우화)

제시문

다양한 장르와 폭넓은 소재로 구성하였습니다.

자기 주도 점검표 매회 출제 의도가 표시되어 있어 문제를 풀고 난 다음,
틀린 항목에 V표를 해서 학습자가 어떤 항목에 취약한지
스스로 알 수 있습니다.

1 이 글에 등장하는 인물을 모두 쓰세요. |인물|

_____ .

2 밑줄 친 ㉠은 어떤 뜻으로 쓰였나요? |어휘|

① 여우가 하는 말을 따라 하며.
② 여우가 하는 말을 의심하며.
③ 여우가 하는 말을 꼼꼼하게 따져 보고.
④ 여우가 하는 말을 그대로 믿고.
⑤ 여우의 말이 거짓말인 줄 알면서도.

출제 의도

문제마다 출제 의도를 표시하였습니다.
크게 사실적 읽기와 비판적 읽기로
구성하였습니다.

3 다음 문장을 읽고, 맞는 것에 O, 틀린 것에는 X 하세요. |내용 파악|

① 여우는 염소를 골탕 먹이려고 일부러 우물에 뛰어들었다.   (   )
② 우물이 깊지 않아 여우는 혼자서 빠져나왔다.   (   )
③ 염소는 여우에게 속아 우물에 뛰어들었다.   (   )
④ 여우는 염소를 밟고 우물에서 빠져나왔다.   (   )
⑤ 여우는 우물 밖에서 염소를 끌어 올려 주었다.   (   )

배경지식

제시문을 이해하는 데 도움이 되는
지식, 제시문을 바탕으로 더 알아야
할 내용을 실었습니다.

'이솝'은 그리스의 작가입니다.
'우화'란 동물이나 식물이 주인공으로 등장하는 이야기입니다.
'이솝 우화'는 '이솝'이 쓴 '우화'를 말합니다.

비문학

문학

초등 국어 독해력 비타민과
함께 시작하는

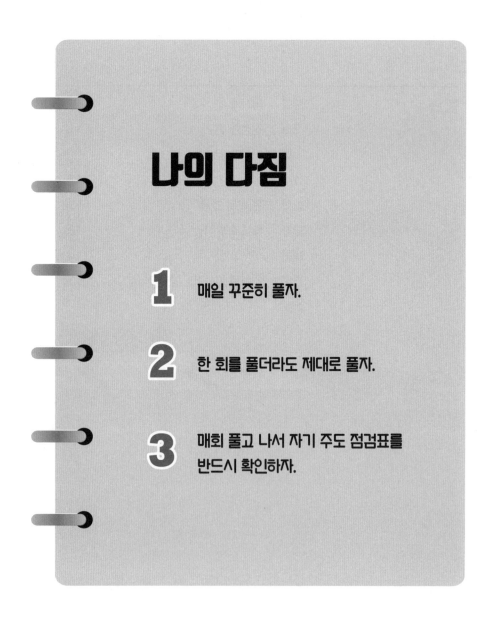

나의 다짐

1 매일 꾸준히 풀자.

2 한 회를 풀더라도 제대로 풀자.

3 매회 풀고 나서 자기 주도 점검표를 반드시 확인하자.

완전개정판

초등국어
5단계

독해력은 모든 학습의 기초!

독해력
비타민

　　모순(矛盾)은 창과 방패라는 뜻으로, 앞뒤의 내용이 어긋나서 서로 맞지 않음을 이르는 말이다.

　　옛날 중국 초나라에 창과 방패를 팔러 다니는 장사꾼이 있었다. 어느 날, 그 장사꾼은 사람들이 몰려 있는 장터에서 창을 들고 크게 외쳤다.

　　"이 창은 세계에서 가장 날카롭습니다. 아무리 튼튼한 방패라도 단숨에 뚫을 수 있습니다."

　　장사꾼은 사람들에게 창을 들어 보이며 창이 얼마나 날카로운지 한참 설명했다. 그다음에는 방패를 들고 큰 목소리로 말했다.

　　"여러분, 이 방패를 보십시오. 이것은 아무리 날카로운 창이라도 막을 수 있는 튼튼한 방패입니다."

　　창과 방패를 든 장사꾼의 당당한 태도에 사람들은 창과 방패를 호기심 있게 쳐다보았다. 그때 한 구경꾼이 고개를 갸우뚱거리며 장사꾼에게 물었다.

　　"이보시오, 그럼 저 창으로 그 방패를 찌르면 어떻게 됩니까?"

　　구경꾼의 물음에 장사꾼은 아무 대답도 할 수 없었다. 장사꾼의 말이 이치에 어긋났기 때문이다.

　　이 이야기가 사람들 사이에 퍼지면서, '창'이라는 뜻의 '모(矛)'와 '방패'라는 뜻의 '순(盾)'을 합한, '모순'은 이치에 맞지 않음을 가리키는 말이 되었다.

1 이 글의 주제를 찾으세요. | 주제 |

① 이치에 맞게 말하는 방법.

② 물건을 잘 파는 방법.

③ 창과 방패의 유래.

④ 세상에서 가장 강한 창과 방패.

⑤ 모순의 뜻과 유래.

* 유래: 무엇이 전해져 온 역사.

2 이 글에서 '모'와 '순'의 뜻을 찾아 쓰세요. | 내용 파악 |

(1) 모(矛):

(2) 순(盾):

3 이 글의 내용으로 맞는 것에는 O, 틀린 것에는 X 하세요. | 내용 파악 |

① 모순이라는 말은 중국에서 비롯했다. ( )

② 장사꾼은 세상에서 가장 멋진 창을 팔았다. ( )

③ 장사꾼은 세상에서 가장 튼튼한 방패를 판다고 말했다. ( )

④ 장사꾼은 창과 방패를 많이 팔았다. ( )

⑤ 한 구경꾼은 창으로 방패를 뚫어 보였다. ( )

4 다음 중 '모순'을 찾으세요. | 적용 |

① 진형이는 돈을 모으기 위해 열심히 저축하고 있다.

② 이 칼은 세상에서 가장 튼튼하다.

③ 옆집 담벼락에 '낙서 금지'라고 크게 쓰여 있었다.

④ 현수는 자기 물건을 잃어버리지 않기 위해 학용품에 이름을 써 붙였다.

⑤ 사건을 설명하기 위해 누가, 언제, 어디서, 무엇을, 어떻게, 왜 했는지 자세히 나타냈다.

5 빈칸에 알맞은 낱말을 넣어 이 글을 정리하세요. | 요약 |

옛날 초나라의 한 장사꾼이 ( )과 ( )를 팔면서, 앞뒤가 맞지 않는 설명을 했다. 그 뒤로 '모순'은 앞뒤 내용이 서로 어긋나 ( )에 맞지 않는 것을 이르는 말이 되었다.

요즘 어린이들은 무척 바쁘다. 아침 일찍 학교에 가서 수업을 듣고, 방과 후에는 학원에 가거나 숙제를 한다. 그래서 '옛날 아이들은 학원도 안 다니니까 참 좋았겠다' 하고 생각할 수도 있다. 하지만 옛날에도 양반, 상민 할 것 없이 마음껏 놀 수 있는 아이들은 거의 없었다. 양반 아이들은 7~8세가 되면 서당에서 공부했고, 평민 아이들은 부모님을 도와 농사나 집안일을 했다.

옛날 양반 아이들의 하루 생활을 살펴보면 다음과 같다. 우선 해가 뜰 무렵에 일어나 세수를 하고 집안 어른께 문안을 드렸다. 그러고는 잠시 글공부를 하고 아침을 먹은 뒤 서당에 갔다. 서당에서는 점심때까지 쉬는 시간 없이 공부를 했다. 오후가 돼서야 공부를 마치고 집에 갔다. 집에 가는 길에 친구들과 잠시 어울렸는데, 이때가 하루 중 유일하게 놀 수 있는 시간이었다. 집에 도착하면 저녁을 먹고 '밤글'이라 해서 낮에 배운 내용을 복습해야 했다.

서당에서 배우는 내용은 강독, 제술, 습자로 나뉘었다. '강독'은 글을 읽고, 외우고, 뜻을 풀이하는 것이다. 《천자문》, 《동몽선습》과 같은 책을 교재로 사용했다. '제술'은 한자로 시나 글을 짓는 과목으로, 과거 시험을 보기 위해서도 꼭 필요한 부분이었다. '습자'는 글을 익히고 붓글씨를 연습하는 것이다.

서당의 주된 교육 방법은 '강'이었다. '강'이란 배운 글을 소리 높여 읽은 뒤 그 뜻을 묻고 답하는 방법이다. '강'에는 '배강'과 '면강'이 있는데, '배강'은 책의 내용을 외워서 발표하는 것이고, '면강'은 책을 보면서 소리 내어 읽는 것이다. 서당의 훈장은 학생들을 한 명씩 불러 소리 내어 읽게 하거나 배운 내용을 외우라고 시켰다. 또 수업 후에는 학생들이 배운 내용을 확실히 기억하게 했다.

* 방과: 그날 하루에 정해진 학교 공부가 끝남.
* 문안: 웃어른께 편히 잘 지내셨는지 아닌지 여쭙는 인사.
* 《천자문》: 한자를 처음 배울 때 쓰던 책. 1,000개의 한자로 이루어져 있다.
* 《동몽선습》: 도덕과 역사를 가르치기 위한 책. 《천자문》을 끝낸 아이들이 배웠다.
* 학식: 배워서 얻은 지식.

서당의 선생님을 '훈장'이라 불렀다. 주로 학식이 높은 노인이나 떠돌이 선비가 훈장을 맡아 아이들을 가르쳤다. 오늘날 선생님은 나라에서 월급을 받지만 훈장은 '강미'라고 하여 쌀을 받았다. 또 마을 사람들에게서 양식과 의복을 받거나, 계절에 따라 학부모들한테서 특별한 음식을 대접받기도 했다. 학생들에게서 수업료를 받아 현금을 주는 곳도 있었다.

오늘날 학교에 방학이 있는 것처럼 서당에도 방학이 있었다. 보통 음력 6월과 7월, 또 11월과 12월 사이에 여름, 겨울 방학을 두어 학생들이 휴식을 취하게 했다.

서당에서는 '책거리'라는 재미있는 풍습도 있었다. '책거리'는 학생이 책 한 권을 다 읽어 공부를 마치면 스승과 동무들에게 한턱을 내는 것이었다. 책거리는 다른 말로 '책씻이', '책례'라고도 했다. 책거리는 학생들의 공부를 격려하고 훈장에게 답례하는 의미가 담겨 있었다. 책거리를 할 때에는 국수, 경단, 송편 등의 음식을 대접했다. 특히 송편은 빠지지 않았다. 속이 꽉 찬 송편처럼 학문을 꽉 채워 뜻을 펼치라는 의미가 담겨 있기 때문이다.

* 경단: 찹쌀가루나 찰수수(찰기가 있는 수수) 등의 가루를 반죽하여 동그랗게 빚어서 삶은 뒤, 고물을 묻히거나 꿀, 엿물을 발라 만든 떡.

1 이 글의 제목으로 알맞은 것을 고르세요. | 제목 |

① 오늘날 아이들의 학교생활

② 옛날 학교의 교과서

③ 옛날 아이들의 학교, 서당

④ 옛날 아이들의 놀이

⑤ 훈장의 역할

2 '책거리'란 무엇인가요? | 내용 파악 |

① 새 책을 배우기 전에 축하하는 잔치.

② 6월~7월, 11월~12월 사이에 공부를 잠시 쉬는 일.

③ 서당에서 보는 시험.

④ 책 한 권의 진도를 다 마치면 한턱을 내는 것.

⑤ 책 한 권을 다 읽고, 그 책을 동생들에게 물려주는 것.

3 이 글의 내용과 맞는 것을 고르세요. | 내용 파악 |

① 옛날 아이들은 모두 부모의 농사를 도왔다.

② 서당에 다녀온 아이들은 저녁에 자유롭게 쉬었다.

③ 서당에서는 책을 한 권만 배웠다.

④ 훈장님은 당시 사람들에 비해 월급을 많이 받았다.

⑤ 서당에도 여름 방학, 겨울 방학이 있었다.

4 서당에 대한 설명을 나타낸 표입니다. 빈칸을 채우세요. | 내용 파악 |

배우는 내용	• (　　　　): 글을 읽고, 외우고, 뜻을 풀이하는 것. • 제술: 한자로 시나 글을 짓는 것. • (　　　　): 글을 익히고 붓글씨를 연습하는 것.
배우는 방법	• (　　　　): 책의 내용을 외워서 낭독을 하는 것. • 면강: 책을 보면서 소리 내어 읽는 것.
선생님	(　　　　): 학식이 높은 노인이나 떠돌이 선비가 마을에 자리를 잡아 아이들을 가르쳤다.
풍습	(　　　　): 책 한 권을 다 읽어 진도를 마치면 스승과 동무들에게 한턱을 내는 것.

5 다음은 무엇에 대한 설명인가요? | 배경지식 |

> 이곳은 조선 시대의 최고 교육기관으로, 오늘날의 대학교 같은 곳이다. 양반집 아들 중 시험으로 선발된 사람들만 이곳에서 공부할 수 있었다.

① 향교　　　　② 서원　　　　③ 성균관

④ 서당　　　　⑤ 사부 학당

국제 연합의 창설 목적은 전쟁 방지와 평화 유지다. 제1차 세계 대전으로 많은 나라가 엄청난 피해를 받았다. 이를 계기로, 세계는 평화를 위해 '국제 연맹'을 만들었다. 하지만 1939년에 제2차 세계 대전이 일어났다. 사람들은 '국제 연맹'보다 더 강력한 평화 기구를 원했다. 그래서 탄생한 것이 '국제 연합'이다. 유엔(UN)이라고도 한다.

유엔에서 가장 중요하게 생각하는 것은 전쟁을 막고 평화를 지키는 일이다. 그래서 전쟁을 예방하고, 지구촌 곳곳에서 벌어지는 분쟁을 조정하기 위해 평화 유지군을 보낸다. 우리나라는 1950년 한국 전쟁 때, 유엔 연합군의 도움을 받았다. 반대로, 1999년 동티모르를 시작으로 세계 여러 나라에 평화 유지군으로 군대를 보냈다. 이 밖에도 유엔에서는 인권, 기후 변화, 물 부족, 에너지 부족, 식량 위기, 보건, 난민 문제 등을 해결하기 위해 힘쓰고 있다.

유엔은 산하에 수십 개의 기구를 두고 있다. 그중 주요 여섯 기구로 총회, 안전 보장 이사회, 신탁 통치 이사회, 경제 사회 이사회, 국제 사법 재판소, 사무국 등이 있다.

총회는 모든 회원국이 참여하는 유엔의 최고 기관이다. 유엔의 모든 활동을 심사, 관리한다. 새 회원국의 가입을 승인하며, 이사국을 뽑을 권한을 갖는다.

안전 보장 이사회는 국제 평화와 안전 유지를 담당하는 기구로, 국가, 지역 간의 다툼을 조정한다. 다섯 개의 상임 이사국과 10개의 비상임 이사국으로 구성되어 있다.

신탁 통치 이사회는 나라를 스스로 이끌어 나갈 능력이 없는 곳에 들어가 그 나라가 자립할 수 있을 때까지 관리하고, 임시로 다스리는 문제를 담당한다. 제2차 세계 대전 직후에는 세계 인구의 3분의 1이 유엔의 신탁 통치를 받았다.

* 창설: 기구, 단체 등을 처음으로 만드는 것.
* 분쟁: 서로 시끄럽게 다툼.
* 난민: 전쟁이나 난리 피해 떠돌아다니는 사람.
* 산하: 어떤 조직의 통제 아래.
* 이사국: 국제기관에서 의사 결정권이 있는 나라.
* 상임: 일정한 일을 늘 계속하여 맡음.
* 비상임: 일정한 일을 때때로 맡음.
* 신탁: 믿고 맡김.

경제 사회 이사회는 세계에서 일어나는 경제, 사회, 문화, 보건 등 여러 문제를 다룬다. 기본적인 정신은 인권 존중이다. 지난 1997년 우리나라의 경제 위기 때 돈을 빌려준 국제 통화 기금(IMF), 가난한 나라의 아이들을 돌봐 주는 국제 연합 아동 기금(UNICEF)도 경제 사회 이사회에 속해 있다.

국제 사법 재판소는 유엔의 사법 기관으로, 국제 사회의 다툼을 법적으로 해결한다. 재판 관 15명으로 구성되며, 재판관의 임기는 9년이다.

사무국은 유엔 운영에 관한 일을 담당하며, 사무총장이 지휘한다. 사무총장은 유엔을 대 표하며, 국제 사회에서 일어나는 수많은 문제를 중간에서 조정하는 역할을 한다. 사무총장 의 임기는 5년이다. 지난 2007년부터 10년 동안 우리나라 반기문 씨가 유엔 사무총장을 맡 아 임무를 수행했다.

2020년 기준, 유엔 회원국은 193개국이다. 우리나라는 1991년에 북한과 함께 가입했다. 유엔은 회원국들이 내는 회비로 운영된다. 회비는 각 나라의 국민 소득에 따라 달리 낸다.

1 다음은 국제 연합의 주요 기관과 하는 일을 정리한 표입니다. 빈칸을 채우세요. | 내용 파악 |

기관	하는 일
( )	모든 회원국이 참여하는 국제 연합의 최고 기관이다.
안전 보장 이사회	국제 ( )와 안전을 유지한다.
( )	나라를 스스로 이끌어 나갈 능력이 없는 곳에서 그 나라가 자립할 수 있도록 돕는다.
( )	세계에서 일어나는 경제, 사회, 문화, 보건 등 여러 문제를 다룬다.
국제 사법 재판소	국제 연합의 ( ) 기관으로, 국제 사회의 다툼을 법적으로 해결한다.
( )	유엔 운영에 관한 일을 담당한다.

2 이 글의 내용으로 맞는 것에는 O, 틀린 것에는 X 하세요. | 내용 파악 |

① '국제 연맹'보다 더 강력한 평화 기구로 탄생한 것이 '국제 연합(UN)'이다. (   )

② 국제 연합이 가장 중요하게 여기는 것은 전쟁 방지와 평화 유지다. (   )

③ 국제 연합은 산하에 다섯 기구를 두고 있다. (   )

④ 우리나라는 1997년에 북한과 함께 유엔의 회원국으로 가입했다. (   )

⑤ 국제 연합은 전쟁을 예방하고, 분쟁을 조정하기 위해 평화 유지군을 파견한다. (   )

⑥ 국제 연합은 잘사는 나라에서 낸 회비만으로 운영된다. (   )

3 국제 연합의 기구 이름과 하는 일을 바르게 짝지으세요. | 배경지식 |

(1) 국제 연합 환경 계획 (UNEP, 유넵) •　　　• 세계 모든 사람이 건강한 삶을 살도록 만든 기구.

(2) 국제 연합 교육 과학 문화 기구 (UNESCO, 유네스코) •　　　• 지구의 환경 문제를 다루기 위해 만든 기구.

(3) 세계 보건 기구 (WHO) •　　　• 노동자의 노동 조건과 생활 수준을 개선하기 위해 만든 기구.

(4) 국제 노동 기구 (ILO) •　　　• 교육, 과학, 문화 등의 국제적 협력을 위해 설치한 기구.

4 다음 중 국제 연합에서 하는 일이 <u>아닌</u> 것을 고르세요. | 적용 |

① 전쟁 중인 국가에 평화 유지군을 파견했다.

② 전염병이 퍼질 것을 세계에 경고했다.

③ 훈민정음을 세계 기록유산으로 지정했다.

④ 버스 안에서 소매치기를 잡았다.

⑤ 가난한 나라의 어린이를 돕기 위해 후원금을 모았다.

민주주의란, 국민이 권력을 가지고 그 권력을 스스로 쓰는 제도를 말한다. 하지만 일 하나하나를 결정할 때마다 국민 모두가 모여 결정할 수 없기 때문에 대표를 정해 국민의 권력을 대신 맡게 한다.

그런데 권력이 한곳으로 몰리면 사람들이 피해를 볼 수 있다. 실제로 옛날에 왕이나 귀족에게 권력이 집중되어, 권력자들이 죄 없는 사람들을 처벌하거나 백성들의 재산을 빼앗기도 했다. 요즘에도 ㉠ [　　　　　]를 일삼는 권력자 때문에 국민이 고통을 받는 나라가 있다. 그래서 권력이 한곳으로 집중되어 피해가 생기는 것을 막기 위해 '삼권 분립(三權 分立)'이라는 제도를 시행하고 있다.

삼권 분립은, 나라를 다스리는 권력을 크게 입법, 사법, 행정으로 나누어 서로 견제하도록 만든 제도다. 권력이 함부로 쓰이는 것을 막고 국민의 권리와 자유를 보장하자는 원칙으로 만들었다. 입법권은 국회에, 사법권은 법원에, 행정권은 정부에 속한다고 ㉡ [　　　　　]에 적혀 있다.

국회는 입법 기관으로, 국회 의원들이 회의를 거쳐 나라에 필요한 법을 만든다. 법원은 사법 기관으로, 일어난 일이 법에 어긋나지 않는지 판단한다. 정부는 국가를 관리하고 국민을 보호하기 위해 법을 집행하는 행정 기관이다. 국회에서 만든 법률을 바탕으로 정책을 결정, 시행한다. 국회, 법원, 정부 세 기관은 어느 한쪽이 국가의 중요한 일을 혼자서 결정하지 못하도록 서로를 견제하고 감시한다.

이 세 기관의 균형을 밝히고 있는 것은 헌법이다. 헌법에는 셋으로 나뉜 권력이 어떤 일을 해야 하는지, 어떻게 서로를 도와주고 감시해야 하는지 적혀 있다. 우리나라는 헌법을 바탕으로, 국가의 권력을 입법, 사법, 행정으로 나누어 민주 정치를 실현하고 있다.

* 일삼는: 좋지 않은 일을 계속 하는.
* 시행하고: 실제로 하고.
* 입법: 법을 만듦.
* 사법: 법을 적용하여, 법에 어긋남이 있는지 판단함.
* 행정: 법 아래에서 국가의 목적이나 공공의 이익을 실현함.

1 이 글의 내용과 <u>다른</u> 것을 찾으세요. |내용 파악|

① 옛날에는 왕이나 귀족에게 권력이 집중되어 억울한 일을 겪는 사람이 있었다.

② 요즘도 권력을 휘둘러 국민을 고통에 빠지게 하는 사람이 있다.

③ 삼권이란 국가 권력을 입법, 행정, 사법으로 나눈 것이다.

④ 삼권이 잘 나뉘면 국민이 억울한 일을 겪지 않는다.

⑤ 우리나라는 삼권을 나누어 민주 정치를 실현한다.

2 이 글의 내용을 정리했습니다. 빈칸에 들어갈 낱말을 찾아 쓰세요. |내용 파악|

(1) [　　　　　] : 국회 의원들이 모여 나라에 필요한 법을 만드는 입법 기관.

(2) [　　　　　] : 국가에서 일어난 일을 법으로 판단하는 사법 기관.

(3) [　　　　　] : 법을 바탕으로 국가 정책을 만들고 시행하는 행정 기관.

3 다음 일을 하는 기관의 이름을 빈칸에 쓰세요. |적용|

(1) 초등학교에서 사용하는 학용품을 모두 국가에서 준비하자는 법을 만들었다. [　　　　　]

(2) 법에 따라 모든 초등학교에 학생 수에 맞게 학용품을 나누어 주었다. [　　　　　]

(3) 법을 지키지 않고 학용품 값을 훔친 공무원에게 벌금을 내라는 판결을 내렸다. [　　　　　]

4 밑줄 친 낱말의 뜻을 잘못 풀이한 것을 찾으세요. | 어휘 |

① 분립: 둘 이상의 조직이나 기구 등을 하나로 합침.

② 견제: 상대편이 지나치게 세력을 펴거나 자유롭게 행동하지 못하게 억누름.

③ 보장: 어떤 일이 이루어지도록 보호함.

④ 집행: 법률, 명령, 재판 등의 내용을 실제로 실행함.

⑤ 정책: 정치적 목적을 실현하기 위한 방법.

5 '민주'의 반대말입니다. 다음을 보고 ㉠에 들어갈 낱말을 보기에서 찾아 쓰세요. | 어휘 |

민 주	반대말 ↔	
주권이 국민에게 있음. 즉 나라의 주인은 국민.		개인이나 단체가 모든 권력을 차지하여 모든 일을 혼자 결정함.

① 자치　　　　　　② 공산주의　　　　　　③ 사회주의

④ 전체주의　　　　　⑤ 독재

6 다음 글을 읽고 ㉡에 들어갈 낱말을 찾아 쓰세요. | 배경지식 |

　　　　　　　　은 나라를 다스리는 기본 방향, 정치 체제의 조직 등을 정해 놓은 기본법을 말한다. 국민이 누려야 할 권리와 지켜야 할 의무가 담겨 있고, 국가 기관을 운영하는 기본 원칙을 정해 놓았다. 이것은 무척 중요하기 때문에, 내용을 바꾸거나 새로 정할 때에는 국민 투표를 해야 한다.

　　옛날 우리 조상들은 하루 일을 마치면 사랑방, 나무 그늘 같은 쉼터에서 두런두런 이야기를 주고받았다. 일하다가 잠시 쉴 때에도 논두렁, 밭두렁에 앉아 재미있는 이야기를 들려주었다. 텔레비전이 없던 옛날에는, 누군가 심심풀이로 이야기를 시작하면 주변에 사람들이 모이고 이야기판이 벌어졌다. 아이들도 할머니의 무릎을 베고 누워 옛날이야기를 듣고 나중에 그 이야기를 친구들에게 들려주면서 이야기가 전달되었다. 우리에게 친숙한 옛날이야기들은 주인공의 신분, 증거물의 유무, 이야기의 목적 등에 따라 신화, 전설, 민담으로 나눌 수 있다.

　　신화의 주인공은 하늘에서 내려온 신이나, 세상을 구하는 영웅이다. 이들은 신비한 능력을 지니고 특이하게 세상에 태어난다. 주변 사람들은 그런 능력을 ㉠ ＿＿＿＿＿＿ 하여 주인공을 위기에 빠뜨린다. 하지만 주인공은 그 위기를 극복해 내고 마침내 하늘, 땅 등을 만들거나, 나라를 세우는 영웅이 된다. 신화의 증거물은 땅, 나라, 민족 등 매우 큰 개념이다. 우리나라의 신화로는 단군 신화, 고구려의 주몽 신화가 대표적이다.

　　전설은 어떤 지역이나 사물에 얽힌 이야기다. 전설의 배경은 다른 옛날이야기에 비해 구체적이다. 그래서 이야기 속의 지역을 중심으로 전해 내려온다. 실제로는 있을 수 없는 내용이 많지만 구체적인 증거물이 있기 때문에 진짜 있었던 일처럼 느껴지기도 한다. 주인공은 특별한 능력을 지닌 사람이 많다. 또 전설은 이야기의 끝부분에서 주인공이 죽는 등 비극적인 내용이 많은 것이 특징이다. 대표적 전설로는 망부석 이야기가 있다.

　　민담은 재미를 위해 만든 이야기다. 평범한 사람이 어떤 일을 겪고 잘 살았다는 내용을 담고 있다. 민담은 전설과는 반대로 대부분 행복하게 이야기가 끝난다. 주인공은 평범한 사람이며, 착하게 살면 복을 받을 수 있다는 교훈을 담고 있다. 내용은, 선녀가 무지개를 타고 내려오거나 우렁이가 사람으로 변하는 것처럼 일상에서 쉽게 일어날 수 없는 일을 담고

---

* 논두렁: 물이 고여 있도록 논 가장자리를 흙으로 쌓아 올린 부분.

* 밭두렁: 밭의 가장자리를 흙으로 쌓아 올린 부분.

* 유무: 있고 없음.

* 망부석 이야기: 멀리 떠난 남편을 기다리던 아내가 죽어 그대로 돌(망부석)이 되었다는 이야기.

있다. 또 민담은 증거물이 없다. 우리에게 익숙한 '선녀와 나무꾼', '혹부리 영감' 같은 이야기가 여기에 속한다.

옛날이야기는 오랜 세월 입에서 입으로 전해져 내려온 우리의 소중한 문화다. 그 속에는 우리 민족의 삶의 모습, 생각, 정신이 담겨 있다.

1 빈칸에 알맞은 낱말을 넣어, 이 글의 중심 내용을 만드세요. **| 주제 |**

옛날이야기는 [ ][ ] , [ ][ ] , [ ][ ] 으로 나뉜다.

2 ㉠에 들어갈 낱말입니다. '남이 잘되는 것을 샘내고 미워함'의 뜻으로, '질투'와 비슷한 낱말은 무엇일까요? **| 어휘 |**

① 증오　　　　　② 흠모　　　　　③ 시기
④ 분노　　　　　⑤ 인정

3 이 글의 내용을 표로 정리했습니다. 빈칸에 알맞은 내용을 쓰세요. **| 내용 파악 |**

	신화	(　　　　　　　　　)	민담
주인공	(　　　　　　　　　)	특별한 능력을 지닌 사람.	평범한 사람.
증거물	땅, 나라, 민족 등.	구체적인 증거물.	증거물이 없다.
이야기의 목적	땅이나 나라, 민족 등이 생긴 과정을 믿게 하려고.	어떤 물체가 생긴 과정을 믿게 하려고.	(　　　　　　　　　)
이야기의 결말	하늘, 땅이나 나라를 만듦.	(　　　　　　　　　)	대부분 행복하게 끝난다.

4 전설이 실제로 있었던 일처럼 느껴지는 까닭을 찾으세요. |내용 파악|

① 나라를 세운 인물 이야기라서.　　② 신비로운 능력을 지닌 영웅 이야기라서.

③ 재미를 위해 만든 이야기라서.　　④ 평범한 인물의 이야기라서.

⑤ 구체적인 증거물이 있어서.

5 다음 이야기는 옛날이야기 가운데 어느 것에 속하나요? |적용|

　　옛날 영월군 수주면에서 남자아이가 태어났는데, 갓난아이답지 않게 덩치가 크고 당당하였으며, 겨드랑이에는 날개가 돋아 있었다. 아이는 하루가 다르게 자라 태어난 지 3일이 지났을 때, 저 혼자 걸어 다니는 것은 물론, 선반 위에 날아 올라가는 등 마음대로 돌아다녔다. 부모는 아이가 자라는 모습을 보고는 덜컥 겁이 났다.

　　"여보, 아무래도 평범한 아이가 아닌 것 같아요. 우리같이 가난한 집안에 저런 아이가 태어나다니 어쩌면 좋아요?"

　　"가뜩이나 나라 안이 어수선한데 우리 집안에 저런 아이가 태어난 걸 알면 관가에서 가만두지 않을 것이오."

　　부모는 눈물을 머금고 그 아이를 없애 버렸다. 아기가 커서 장수가 되면 가족이 큰 화를 당할까 두려웠기 때문이었다. 아이를 없애고 3일이 지나자 마을 동쪽 깊은 연못에서 우렁찬 말 울음소리가 들려 왔다. 그 말은 머리는 용, 몸은 말인 용마였다.

　　그 용마는 아기를 찾아 사방으로 날아다녔다. 하지만 말은 주인을 찾지 못하고, 수주면 무릉리 동북쪽 강 건너 마을의 벼랑에서 슬프게 울부짖다가, 나왔던 곳으로 돌아가 죽었다. 이후 사람들은 말이 나왔던 연못을 용소라 불렀는데, 그 옆에는 말의 무덤이 있다. 또 무릉리의 강 건너 마을은 말이 울부짖은 곳이라 하여 명마동이라고 부르고 있다.

　*관가: 옛날에, 나랏일을 하던 관리들이 일을 하던 집.

　*화: 뜻하지 않게 생긴 나쁜 일.

중국에서 중앙아시아 사막을 거쳐 로마까지 이어진 길을 '실크 로드'라고 한다. 실크(Silk)는 '비단', 로드(Road)는 '길', 그러니까 실크 로드는 '비단길'과 같은 말이다. 그런데 실크 로드에는 사막을 통해 가는 길만 있었던 것은 아니다. 낙타를 타고 사막을 건너는 사막길, 푸른 초원을 가로질러 가는 초원길, 배를 이용해 물건을 나르는 바닷길이 있었다. 옛날 사람들은 이 길을 통해 말 그대로 비단을 실어 날랐다.

옛날에 중국 비단은 품질이 좋아서 인기가 많았다. 그래서 서양 사람들은 멀리 중국까지 가서 비단을 사 왔다. 중국과 로마가 서로 왕래하던 길이 주로 비단을 싣고 가던 길이라 비단길로 부르게 되었다.

비단길을 통해 비단만 거래한 것은 아니다. 도자기, 차, 유리 같은 여러 가지 물건을 사고 팔았다. 국립 중앙 박물관이나 경주 박물관에 가면 신라 사람들이 쓰던 예쁜 유리병이나 유리그릇을 볼 수 있다. 이런 유리 제품은 로마에서 만든 물건인데 비단길을 거쳐 신라까지 올 수 있었다.

또 비단길을 통해 불교나 기독교 등의 종교가 세계 여러 나라에 전파되었고, 세계 여러 나라의 문화가 멀리 떨어진 나라에 알려지기도 했다. 이렇게 비단길은 동양과 서양의 다양한 문화를 전해 주는 역할을 담당했다.

당시 동양에는 중국의 한나라가 번성하여 제국을 이루었고, 서양에는 로마라는 큰 제국이 있었다. 두 제국은 직접 교류하고 싶어 했다. 한나라 황제인 무제가 '장건'이라는 신하에게 서양으로 가는 길을 개척하라고 명령을 내렸다. 그때 중앙아시아 사막 지대에는 흉노라는 부족이 살고 있었다. 그래서 장건은 오가는 길에 흉노족에게 잡혀 고생하면서도 멀리 지금의 이란까지 다녀왔다. 아쉽게도 로마까지는 못 갔지만 사막을 통과하는 길을 개척한 인물이 되었다.

* 중앙아시아: 유럽과 아시아가 맞닿은 지역.

* 번성하여: 세력이 커지고 널리 퍼져.

* 제국: 여러 나라나 민족을 다스리는 큰 나라. 이 나라의 임금을 '황제'라 부른다.

* 교류: 사람들이 만나거나 연락하면서 의견이나 물건을 주고받는 일.

* 개척하라고: 새로운 길을 처음으로 열라고.

1 이 글에 대한 설명으로 <u>틀린</u> 것을 고르세요. | 내용 파악 |

① 비단길을 통해 비단 뿐 아니라 여러 물건을 사고팔았다.

② 비단길을 통해서 종교도 전파되었다.

③ 비단길은 중국 한나라 때에 열렸다.

④ 비단길은 동양과 서양을 이어 주는 길이다.

⑤ 비단길은 초원을 가로질러 가는 길만을 말한다.

2 빈칸을 채워 표를 완성하세요. | 내용 파악 |

3 다음 글을 읽고, 설명에 알맞은 사람을 찾으세요. | 배경지식 |

> 이 사람은 이탈리아인으로, 열일곱 살 때 아버지와 함께 비단길을 통해 중국으로 갔다. 17년 동안 원나라에서 일하며, 여러 곳을 여행하여 지식을 넓혔다. 고향 베니스로 돌아와 아시아 여행에 관련된 이야기 〈동방견문록〉을 썼다.
>
> * 원나라: 1271~1368년 사이 중국을 지배했던 몽골의 나라.

① 마르코 폴로　　　　② 콜럼버스　　　　③ 마젤란

④ 레오나르도 다빈치　　⑤ 헨드릭 하멜

4 설명과 지도를 보고 초원길에는 '초', 사막길에는 '사', '바닷길'에는 '바'라고 빈칸에 쓰세요. | 적용 |

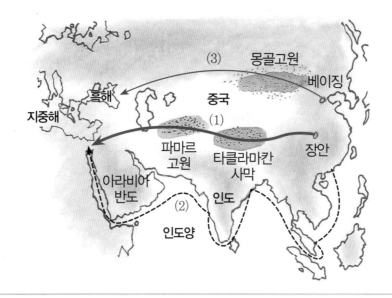

(1) 　중국에서 로마까지 가는 가장 짧은 길이다. 중국 장안에서 시작하여 타클라마칸 사막과 파미르 고원을 지나 지중해에 이른다. ☐

(2) 　중국의 남동해안에서 시작해 인도양과 지중해를 잇는 길이다. 이 길을 통해서 향료(향기를 내는 데에 쓰는 물질)를 많이 운반했기 때문에 '향료길'이라고도 부른다. ☐

(3) 　유목 민족들이 주로 지나다닌 길이다. 중국 베이징에서 시작하여 몽골 고원을 거쳐 흑해까지 이어졌다. 유럽과 아시아의 초원 지대를 동서로 가로지른다. ☐

＊유목: 일정한 곳에서 살지 않고 물과 풀밭을 찾아 옮겨 다니면서 가축을 기르며 삶.

5 빈칸을 채워 이 글을 요약하세요. | 요약 |

　비단길은 실크 로드라고도 불리는데 (　　　　　)에서 시작하여 중앙아시아 (　　　　　)을 거쳐 로마에 이르는 길로, 한나라 무제의 신하 (　　　　　)이 처음 개척했다. 중국의 비단을 싣고 가던 길이라 이런 이름이 붙었는데, 비단뿐만 아니라 동양과 서양의 다양한 (　　　　　)를 전해 주는 역할을 담당했다.

　지구는 공기로 둘러싸여 있다. 공기 속에는 질소, 산소, 이산화탄소 등의 기체 알갱이가 들어 있다. 바람은 이러한 기체 알갱이, 즉 공기의 움직임이다.

　그런데 발도 없는 공기가 어떻게 움직일까? 기압(공기가 누르는 힘) 때문이다. 한 공간에 공기의 양이 많아지면 기압이 높아지고, 적어지면 낮아진다. 공기가 많아 기압이 높은 상태를 고기압, 공기가 적어 기압이 낮은 상태를 저기압이라고 한다. 공기는 고기압에서 저기압으로 움직인다. 예를 들어 바람이 서쪽에서 동쪽으로 부는 것은, 서쪽이 상대적으로 동쪽보다 기압이 높기 때문이다.

　기압의 차이는 온도 때문에 생긴다. 햇볕을 받아 땅이 달구어지면 그 위에 있는 공기도 따뜻해져 밀도가 낮아진다. 차가운 공기는 따뜻한 공기에 비해 상대적으로 밀도가 높다. 여기서 밀도가 낮다는 것은 같은 공간에 공기가 적은 상태(저기압)라는 말이고, 밀도가 높은 것은 고기압이라는 뜻이다. 따뜻해진 공기가 하늘로 올라가면(저기압), 주변의 찬 공기(고기압)가 그 공간을 채우려고 움직인다. 즉 바람이 분다.

　산에서 낮과 밤에 따라 바람의 방향이 바뀌는 까닭도 온도 때문이다. 맑은 날 한낮에는 산꼭대기가 산골짜기보다 빨리 데워져 저기압이 된다. 햇볕이 들지 않는 산골짜기는 상대적으로 고기압이다. 따라서 한낮에는 산골짜기에서 산꼭대기로 올라가는 바람이 분다. 이를 '골바람'이라고 한다. 밤이 되면, 골짜기보다 산꼭대기가 열을 빨리 빼앗기기 때문에 산꼭대기가 산 아래보다 추워진다. 그래서 산꼭대기에서 산 아래로 바람이 분다. 이를 '산바람'이라고 한다.

　바닷가에서도 낮과 밤에 바람의 방향이 바뀐다. 낮에는 바다보다 육지가 빨리 더워진다. 그래서 육지가 저기압, 바다가 고기압이 되면서 바람이 바다에서 육지로 분다. 이 바람을 '해풍'이라고 한다. 그러나 밤에는 육지가 바다보다 빨리 차가워진다. 그래서 육지에 고기압, 바다에 저기압이 생기면서 육지에서 바다 쪽으로 바람이 분다. 이 바람을 '육풍'이라고 한다.

* 알갱이: 물질을 이루는 아주 작은 물체.
* 밀도: 일정한 공간에 무엇이 빽빽이 들어 있는 정도. 온도가 높아지면 밀도는 낮아진다.
* 산골짜기: 산과 산 사이의 움푹 들어간 곳.

'계절풍'은 계절에 따라 바람의 방향이 바뀌는 바람으로, '몬순'이라고도 한다. 여름철에는 바다에서 육지로, 겨울철에는 육지에서 바다로 분다. 우리나라는, 여름에는 해양이 있는 <u>남동쪽에서 '남동 계절풍'이 불어온다</u>. 이때는 태평양 위의 덥고 습한 공기가 몰려와 날씨가 무덥고 비도 많이 내린다. 겨울에는 <u>북서쪽의 대륙에서 해양 쪽으로 '북서 계절풍'이 분다</u>. 이때는 차고 건조한 바람이 불어서 차갑고 메마른 날씨가 된다.

* 해양: 지구 표면의 약 70%를 차지하는 넓고 큰 바다.

1 이 글에서 가장 중요한 낱말을 찾아 쓰세요. | 핵심어 |

2 다음은 공기 알갱이의 개수를 학생 수로 나타낸 그림입니다. 물음에 답하세요. | 적용 |

(1) 공기가 고기압에서 저기압으로 이동하는 것은 기압이 평형(한쪽으로 기울지 않고 안정해 있음)을 이루기 위함입니다. 학생 수(공기 알갱이)가 많은 곳에는 '고기압', 적은 곳에는 '저기압'이라고 쓰세요.

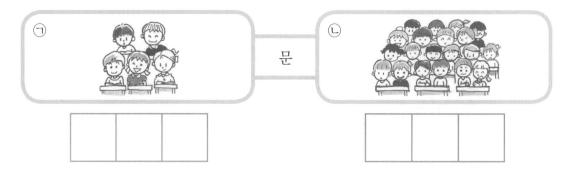

(2) 학생 수가 평형을 이루려면, 문을 열었을 때 학생들이 어느 방향으로 이동해야 할지 맞는 것을 찾으세요.

① ㉠ ← ㉡   ② ㉠ → ㉡

3 이 글의 내용으로 맞는 것에는 O, 틀린 것에는 X 하세요. | 내용 파악 |

① 바람은 공기의 움직임이다. ( )

② 공기는 저기압에서 고기압으로 움직인다. ( )

③ 공기는 두 곳의 온도 차이가 있을 때, 찬 곳에서 따뜻한 곳으로 이동한다. ( )

④ 한낮에는 산꼭대기가 산골짜기보다 온도가 높다. ( )

⑤ 밤에는 산골짜기에서 산꼭대기로 바람이 분다. ( )

⑥ 계절풍은 계절에 따라 바람의 방향이 바뀌며 부는 바람이다. ( )

4 바닷가에서 바람이 부는 방향을 나타낸 그림입니다. 낮과 밤 가운데 알맞은 것에 O 하고, 바람의 이름을 쓰세요. | 내용 파악 |

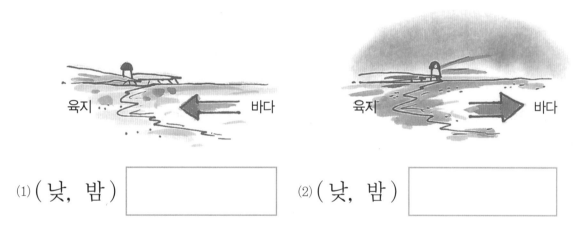

육지 ⬅ 바다   육지 ➡ 바다

(1) (낮, 밤) [   ]   (2) (낮, 밤) [   ]

5 다음 글을 읽고, 무엇에 대한 설명인지 빈칸에 쓰세요. | 배경지식 |

> 북태평양 서남부에서 발생하는 강한 열대 저기압으로, 보통 여름과 초가을에 발생해 주로 아시아 국가로 다가온다. 북반구(적도를 기준으로 지구를 둘로 나누었을 때의 북쪽 부분)에서는, 이것의 중심을 향해 공기가 시계 반대 방향으로 빙글빙글 돌면서 불어 들어간다. 세찬 바람과 함께 큰비가 내려 큰 재해(지진, 홍수 등으로 생긴 피해)가 발생하곤 한다.

[   ]

틀린 문제 유형에 표시하세요.

□ 핵심어   □□□□ 내용 파악   □ 적용   □ 추론   □ 구조

[가]

척박한 환경 때문에 사막에서는 생물이 살기 어렵다. 특히 몸집이 큰 동물들은 먹이와 물이 부족해 사막에서 지내기 힘들다. 하지만 낙타는 큰 몸집으로도 사막에서 자유롭게 활동한다. 이런 까닭으로, 사람들은 옛날부터 낙타를 사막의 중요한 운송 수단으로 생각했다. 지구력이 강하고 무거운 짐도 거뜬히 싣고 다닐 수 있어서, 사람들은 낙타를 '사막의 배'라고 부른다.

[나]

덥고 메마른 곳에서 살기에 알맞은 신체 구조 덕분에 낙타는 사막에서도 잘 버틸 수 있다. 낙타는 긴 다리와 넓고 두툼한 발바닥이 있기 때문에 뜨거운 모래 위에서도 오랫동안 잘 걸을 수 있다. 또 축 늘어진 눈꺼풀과 기다란 눈썹은 사막의 모래바람을 잘 막아 준다. 또 콧구멍을 여닫을 수 있어서, 모래바람이 불 때 모래가 몸속으로 들어오는 것을 막는다. 귀에는 털이 잔뜩 나 있어 귓속에 모래가 별로 들어가지 않는다.

[다]

낙타는 물을 마시지 않고도 오래 버틸 수 있다. 이것은 물이 부족한 사막에서 사는 동물에게는 최고의 장점이다. 다른 동물들이 목숨을 잃을 만큼 수분을 빼앗겨도 낙타는 정상적으로 활동 할 수 있다. 또 낙타는 후각이 뛰어나 몇 km 떨어진 곳의 물도 찾을 수 있다.

[라]

낙타의 등에는 혹이 있다. 이 혹에 물이 들어 있을 거라고 생각하는 사람이 많다. 하지만 낙타의 혹은 지방 덩어리일 뿐, 물은 들어 있지 않다. 혹 속의 지방은 낙타가 추위와 더위를 견딜 수 있게 한다. 또 오랫동안 굶주렸을 때 그 지방을 영양분으로 이용하기도 한다. 그래서 ㉠ [   ]. 사람들은 낙타에게 대추야자 열

---

* 척박한: 땅에 영양분이 거의 없고 몹시 메마른.
* 운송 수단: 사람을 태워 보내거나 물건을 실어 보내는 도구.

매나 풀, 보리 등을 먹인다. 하지만 먹을 것이 부족하면 나뭇잎이나 나뭇가지부터 가시가 있는 선인장까지 먹는다. 낙타는 입안의 피부가 두꺼워서 상처를 입지 않고 선인장의 날카로운 가시까지 먹을 수 있다.

[마]

이러한 특성 때문에 낙타는 사막의 환경을 잘 견딜 수 있다. 그래서 오랜 시간 낙타는 사람들이 사막을 지나는 데에 없어서는 안 되는 소중한 친구였다. 지금도 사막 지역에서는 낙타를 가장 귀한 가축으로 여겨 가족처럼 대하고 있다.

* 대추야자: 서남아시아와 북아프리카의 모래땅에 자라는 나무. 열매는 사막 지역의 중요한 식량으로 이용하며, 줄기로는 바구니를 만든다.

1 이 글의 중심 글감은 무엇일까요? | 핵심어 |

① 사막   ② 낙타

③ 운송 수단   ④ 물

⑤ 혹

2 이 글에 실리지 <u>않은</u> 내용을 찾으세요. | 내용 파악 |

① 낙타가 사막에서 잘 버틸 수 있는 까닭.

② 낙타의 종류.

③ 낙타의 후각 능력.

④ 낙타의 혹 안에 들어 있는 것.

⑤ 낙타의 먹이.

3 다음 내용이 어울리는 문단은 어디인가요? | 적용 |

> 낙타는 땀을 거의 흘리지 않고도 외부 기온에 따라 체온을 높이거나 낮출 수 있다. 그렇기 때문에 땀으로 배출되는 수분을 아낄 수 있다.

① [가]　　　② [나]　　　③ [다]　　　④ [라]　　　⑤ [마]

4 다음 중 이 글의 내용과 <u>다른</u> 것을 찾으세요. | 내용 파악 |

① 낙타는 콧구멍을 열고 닫을 수 있다.

② 낙타는 다리가 길고 발바닥이 두툼하다.

③ 낙타의 후각은 뛰어나다.

④ 낙타의 혹에는 물이 가득 차 있다.

⑤ 낙타는 날카로운 가시가 있는 선인장도 먹을 수 있다.

5 빈칸에 알맞은 내용을 적어 각 문단의 중심 내용을 완성하세요. | 내용 파악 |

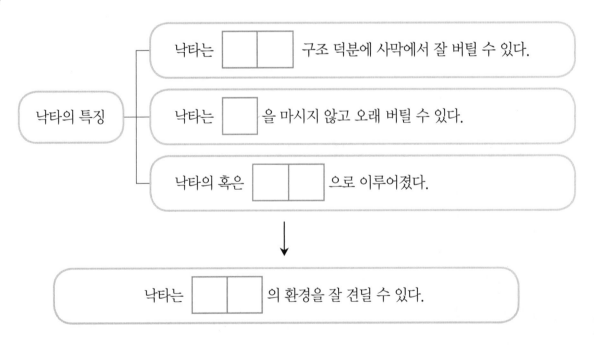

낙타의 특징
- 낙타는 ☐☐ 구조 덕분에 사막에서 잘 버틸 수 있다.
- 낙타는 ☐을 마시지 않고 오래 버틸 수 있다.
- 낙타의 혹은 ☐☐으로 이루어졌다.

↓

낙타는 ☐☐의 환경을 잘 견딜 수 있다.

6 중요한 운송 수단인 낙타를 사람들은 무엇이라고 비유하여 불렀나요? | 내용 파악 |

_____

7 다음 중 ㉠에 가장 어울리는 문장을 고르세요. | 추론 |

① 오랫동안 음식을 먹지 않으면 혹이 하나로 줄었다가 영양을 섭취하면 다시 두 개가 된다.

② 오랫동안 음식을 먹지 않으면 혹의 크기가 줄었다가 영양을 섭취하면 다시 커진다.

③ 자신의 혹을 뜯어 먹는다.

④ 다른 낙타의 혹을 뜯어 먹는다.

⑤ 동물을 잡아먹기도 한다.

8 다음 중 이 글의 구조를 가장 잘 나타낸 것을 찾으세요. | 구조 |

①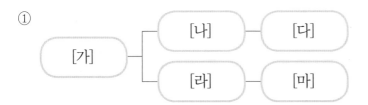

②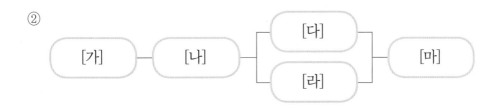

③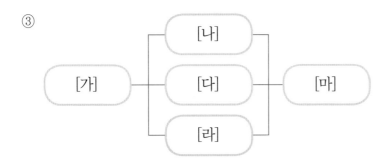

한옥은 우리나라 전통 집이다. 전통 한옥은 못이나 접착제를 쓰지 않고 나무에 홈을 파서 끼워 맞추는 방식으로 짓는다.

우리나라 최초의 한옥은 신석기 시대의 움집이다. 움집은 땅을 움푹하게 판 다음, 기둥을 세우고 풀이나 짚으로 지붕을 덮어 만든다. 온돌과 마루, 부엌 등을 갖춘 한옥은 조선 시대에 이르러 완성되었다.

우리 조상들은 집을 지을 때에 배산임수(背山臨水)라고 하여, 산을 등지고, 물을 바라볼 수 있는 곳에 지었다. 또 나무, 흙, 돌 등을 사용하여 자연과 조화를 이루게 하였다. 기둥과 문, 마루 등은 나무를 사용하고, 벽에는 짚과 흙을 섞어 발랐다. 창호(창과 문)에는 한지를 발랐다.

지역에 따라 기후가 다르고, 그 기후에 맞게 한옥의 모양이 다르다. 추운 북부 지방에서는 바람을 막기 위해 'ㅁ' 자 모양, 춥기도 덥기도 한 중부 지방에서는 'ㄱ' 자 모양, 따뜻한 남부 지방에서는 바람이 잘 통하는 'ㅡ' 자 모양의 집이 많았다. 'ㄷ' 자 모양의 집은 여러 지역에서 공통적으로 볼 수 있다.

한옥은 크게 초가집과 기와집으로 나눌 수 있다. 초가집은 짚으로 지붕을 얹었고, 기와집은 흙을 빚어 구운 기와로 지붕을 덮었다. 기와집은 지위나 신분에 따라 집의 크기, 방의 수, 담과 문의 모양이 달랐다. 옛날 양반의 기와집에는 안채, 사랑채, 사당, 행랑채 등 여러 건물이 있었다.

안채는 여자들이 머무는 공간이다. 안방과 건넌방(안방의 맞은편에 있는 방), 대청(대청마루), 부엌 등으로 이루어졌다. 안방은 집의 가장 중심 방으로, 집주인 부부가 쓰는데 낮에는 주로 안주인이 생활한다. 그래서 안주인을 '안방마님'이라고도 부른다. 대청은 방과 방 사이에 있는 넓은 마루다. 사당이 없는 경우에는 ㉠ 여기서 제사를 지낸다.

사당은 조상의 위패를 모시는 공간이다. 돌아가신 아버지, 할아버지, 증조할아버지, 고조할아버지, 이렇게 네 분의 위패를 보관한다. 사당은 주로 집의 동쪽이나 집터의 제일 높은 곳에

* 안주인: 집안의 여자 주인.
* 위패: 죽은 사람의 이름을 적은 나무패.

짓는다.

사랑채는 남자들이 머물며 책을 읽거나 손님을 맞는 공간이다. 규모가 큰 집에는 사랑채에도 대청이 있다. 대청을 사이에 두고 아버지가 머무는 큰 사랑방과 아들이 머무는 작은 사랑방이 있다. 사랑채에는 주변 경치를 즐길 수 있도록 바닥을 높이 올려 마루를 짓기도 한다.

행랑채는 하인들이 머무는 공간이다. 대문 곁에 있어 문간채라고도 부른다. 행랑채에는 방, 창고, 외양간 등을 함께 짓기도 한다. 행랑채에는 보통 대청을 만들지 않는다. 대신 방을 드나들기 쉽고, 걸터앉을 수 있도록 쪽마루나 툇마루를 놓는다.

한옥에 이름을 붙이는 경우가 있었다. 집에 붙인 이름을 '당호'라고 하는데, 용도에 따라 다르게 지었다. 한옥의 이름 뒤의 '전'은 궁궐이나 사찰처럼 위계가 높은 건물에 붙였다. '당, 헌, 와'는 종택이나 개인이 사는 건물에, '누(루), 정, 정사, 대'는 사람들이 돌아다니며 구경하는 건물에, '각'은 방이 없는 건물에 주로 붙였다.

* 쪽마루: 건물의 벽 밖으로 만든 마루.
* 사찰: 절.
* 위계: 위치나 지위의 단계.
* 종택: 종가(한 집안에서 맏아들로만 이어져 온 큰집) 대대로 사용해 오고 있는 집.

1 이 글에 대한 설명으로 <u>잘못된</u> 것을 고르세요. | 내용 파악 |

① 우리나라 전통 한옥은 못이나 접착제를 쓰지 않고 짓는다.

② 온돌과 마루가 있는 지금과 같은 한옥은 신석기 시대에 완성되었다.

③ 한옥의 재료로 나무, 흙, 돌 등을 사용하였다.

④ 기후에 따라 한옥의 모양을 달리 짓기도 했다.

⑤ 기와집은 지위나 신분에 따라 집의 크기가 달랐다.

2 중부 지방에서는 주로 어떤 모양의 집을 지었나요? | 내용 파악 |

① '一' 자 모양　　　② 'ㄱ' 자 모양　　　③ 'ㅁ' 자 모양　　　④ 'ㅇ' 자 모양

3 그림과 설명을 보고 건물의 이름을 알맞게 쓰세요. | 내용 파악 |

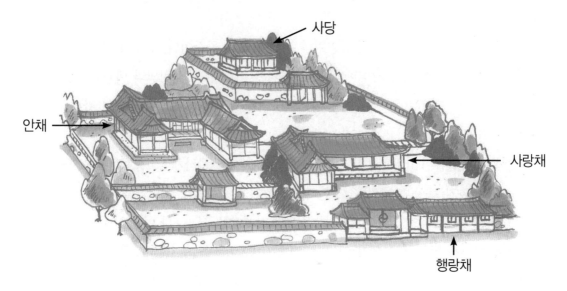

(1) 집안의 하인들이 생활하는 곳이다. '문간채'라고도 한다.

_____

(2) 남자들이 머물며 손님을 맞거나 책을 읽는 곳이다.

_____

(3) 낮에 여자들이 주로 생활하는 공간이다.

_____

(4) 조상을 모시고 제사를 지내는 곳이다.

_____

4 밑줄 친 ㉠이 가리키는 곳은 어디인가요? | 내용 파악 |

_____

5 다음 중 당호에 대하여 <u>잘못</u> 말한 사람은 누구인가요? | 적용 |

① 주원: 근정전, 사정전, 강녕전 등 경복궁 건물에 '전'이 붙은 까닭은 궁궐 건물이기 때문이야.

② 소라: 신사임당과 율곡이 태어난 '오죽헌'은 '헌'자가 붙은 걸로 보니 개인이 사는 집인가 봐.

③ 은성: 춘향과 몽룡이 만난 장소인 '광한루'는 '루'가 붙은 걸로 봐서 경치를 구경하는 곳 같아.

④ 유라: '서백당'은 참을 '인'자를 백 번 쓰라는 뜻이래. '당'자가 있는 걸로 봐서 종택인 것 같아.

⑤ 현민: 당호는 지금으로 보면 주소와 같은 거라서, 옛날에는 집마다 당호가 있었어.

6 '배산임수'의 뜻을 앞 글에서 찾아 쓰세요. ㅣ 어휘 ㅣ

背 山 臨 水
등 **배** 메 **산** 내려다볼 **임** 물 **수**

_____

_____

7 다음은 한옥의 여러 마루입니다. 그림과 설명을 바르게 짝지으세요. ㅣ 배경지식 ㅣ

(1) 건물 벽의 기둥 밖에 기둥을 더 세워 만든 마루. 방에 올라가거나 걸터앉을 수 있게 문 앞에 만들었다. •

• 대청

(2) '큰 마루'라는 뜻으로, 방과 방 사이에 크게 만든 마루. •

• 툇마루

(3) 땅에서 높이 띄워 만든 마루. 주로 양반집 사랑채에 지었다. •

• 누마루

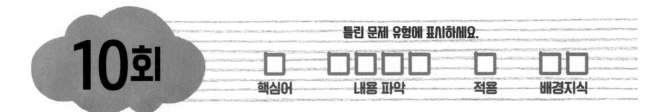

틀린 문제 유형에 표시하세요.

☐ 핵심어 ☐☐☐☐ 내용 파악 ☐ 적용 ☐☐ 배경지식

알프레드 노벨은 1833년 스웨덴의 수도 스톡홀름에서 태어났다. 노벨은 대학교를 마치고 아버지와 함께 폭약을 연구했다. 이후 노벨은 다이너마이트를 만드는 데에 성공했다. 다이너마이트는 다른 폭약에 비해 운반과 보관이 쉬워 인기를 끌었다. 다이너마이트의 성공으로 노벨은 큰돈을 벌었다. 하지만 노벨은 자신이 만든 폭약이 전쟁에 사용되어 많은 사람을 죽이는 것을 보고 마음이 아팠다. 그래서 죽기 전에 유언을 남겨, 자신이 번 돈을 스웨덴 과학아카데미에 기부하였다. 스웨덴 과학아카데미는 그 기금으로 노벨재단을 만들어, 기금의 이자로 노벨상을 주고 있다.

노벨은 자신의 유언장에 노벨상의 수상 기준을 밝혔는데 그 기준은 다음과 같다.

• 노벨 물리학상: 물리학 분야에서 가장 큰 발견이나 발명을 한 사람.
• 노벨 화학상: 화학 분야에서 가장 큰 발견이나 진보를 이룬 사람.
• 노벨 생리 의학상: 생리 의학 분야에서 가장 중요한 발견을 한 사람.
• 노벨 문학상: 이상적인 방향으로 가장 뛰어난 작품을 쓴 사람.
• 노벨 평화상: 국가 간의 화합이나 군대의 폐지 및 축소, 세계의 평화를 지키는 데에 가장 최선을 다한 사람.

1901년부터 노벨상을 수여하기 시작했다. 처음에는 평화상, 문학상, 화학상, 물리학상, 생리 의학상 등 다섯 부문에서 수상자를 선정했다. 이후 경제학상을 추가하여 현재는 총 여섯 분야에서 상을 준다. 시상은 매년 12월 10일, 스웨덴의 수도 스톡홀름에서 이뤄지는데, 이날은 노벨의 사망일이다. 노벨 평화상만은 노르웨이의 수도 오슬로에서 시상한다.

* 폭약: 센 압력이나 열을 받으면 폭발하는 물질.
* 다이너마이트: 폭발력이 매우 큰 폭약. 1866년에 노벨이 발명했다.
* 기금: 어떤 목적이나 사업 등에 쓸 기초가 되는 돈.
* 재단: 어떤 사회적 목적을 위해 법적으로 등록된 재산을 관리하는 단체.
* 진보: 정도나 수준이 높아짐.

노벨상 수상자를 심사하는 기관들은 시상식 전해 가을부터 준비한다. 분야별로 전문가 천여 명에게 의뢰서를 보내 추천을 받는데, 의뢰를 받은 사람은 자신을 추천할 수는 없다. 다음 해 1월 말까지 후보자를 받아 노벨위원회에서 분야별로 수상 후보자를 선정한다. 심사와 결정 과정은 철저하게 비밀로 지켜지며, 최종 수상자는 11월 15일 전에 결정된다.

평화상은 단체가 받을 수 있지만, 나머지 상은 한 분야에서 최대 3명까지 공동으로 받을 수 있다. 또 사망자는 노벨상을 받을 수 없다. 다만 심사 때까지는 살아 있었으나 그 뒤에 사망하여 시상장에 참석할 수 없게 된 사람은 대리인이 받는다.

널리 알려진 노벨상 수상자로는 퀴리 부부(과학자), 아인슈타인(과학자), 슈바이처(아프리카 봉사) 등이 있다. 2020년 현재, 우리나라의 수상자는 지난 2000년 남북 정상 회의를 성사시킨 김대중 전 대통령이 유일하다. 민주주의와 인권, 또 남북의 평화를 위해 노력한 성과를 인정받아 2000년에 노벨 평화상을 받았다.

아직까지 노벨상의 권위가 높기는 하지만 최근에는 노벨상에 대한 비판도 나오고 있다. 그동안 노벨상의 추천이나 후보자가 대부분 미국과 유럽 출신이며 다른 대륙에서는 수상자가 적다는 것이다. 또 노벨 평화상은 당시의 정치적인 분위기나 특정한 목적에 따라 결정되는 것이 아닌가 하는 의심을 받기도 한다.

* 의뢰: 남에게 부탁함.
* 대리인: 어떤 사람을 대신하는 사람.
* 권위: 어떤 분야에서 사회적으로 인정을 받고 영향력을 끼칠 수 있는 힘.

1 이 글에서 가장 중요한 낱말은 무엇인가요? | 핵심어 |

_____

2 다음 나라의 수도를 찾아 쓰세요. | 내용 파악 |

(1) 스웨덴 _____

(2) 노르웨이 _____

3 이 글의 내용으로 맞는 것에는 O, 틀린 것에는 X 하세요. | 내용 파악 |

① 노벨은 다이너마이트를 발명해 큰돈을 벌었다.   (   )

② 노벨이 만든 폭약은 전쟁에는 사용되지 않았다.   (   )

③ 김대중 전 대통령은 민주주의와 평화를 위해 노력했다.   (   )

④ 에디슨과 아인슈타인은 둘 다 노벨상을 받지 못했다.   (   )

⑤ 최근에는 노벨상에 대한 비판의 목소리도 있다.   (   )

⑥ 노벨상은 개인만 받을 수 있다.   (   )

4 노벨상에 대한 내용입니다. 올바른 문장을 찾으세요. | 내용 파악 |

① 현재 노벨상은 다섯 부문에서 시상하고 있다.

② 1901년부터 노벨상을 주기 시작했다.

③ 노벨상은 노벨의 생일에 시상한다.

④ 우리나라에는 아직 노벨상을 받은 사람이 없다.

⑤ 아직까지 노벨상을 받은 여성은 없다.

5 다음은 노벨상 가운데 어떤 상인지 쓰세요. | 적용 |

> 1968년, 스웨덴 국립은행이 창립 300주년을 맞아 기념으로 만든 상으로, 이듬해 다른 노벨상과 함께 주기 시작했다. 다른 노벨상과 마찬가지로 스웨덴 왕립 과학원에서 이 상의 수상자를 결정한다.

노벨 | | | | 상

6 이 글에 나오지 <u>않은</u> 내용은 무엇인가요? | 내용 파악 |

① 노벨이 큰돈을 벌게 된 까닭.　　　② 노벨상의 종류.

③ 노벨상을 시상하는 도시.　　　　④ 우리나라의 노벨상 수상자.

⑤ 노벨상 수상자가 받는 상금 액수.

7 다음 글에서 설명하는 사람은 누구일까요? | 배경지식 |

> 　노벨상은 한 사람이 여러 번 받을 수 있다. 그래서 노벨상을 두 번 받은 사람이 네 명이나 된다. 그 가운데 이 사람은 방사능을 발견하고 연구하여, 1903년에 남편과 함께 노벨 물리학상을, 1911년에는 혼자서 화학상을 받았다. 그뿐 아니라, 이 사람의 딸도 남편과 함께 1935년에 노벨 화학상을 받았다.

① 토머스 에디슨　　　　　② 앨버트 아인슈타인

③ 마리 퀴리　　　　　　　④ 안네 프랑크

⑤ 헬렌 켈러

8 다음은 노벨상을 받은 사람입니다. 아래 업적과 관련 있는 사람을 빈칸에 찾아 쓰세요. | 배경지식 |

밥 딜런　　　넬슨 만델라　　　헤르만 헤세

(1) 남아프리카 공화국의 전 대통령. 흑인들의 인권을 위해 일했다.　□

(2) 미국의 가수. 참신하고 시적인 표현으로 가사를 썼다.　□

(3) 독일의 작가. 〈유리알 유희〉, 〈데미안〉 등의 소설을 썼다.　□

남극과 북극같은 극지방은 밤에도 해가 지지 않는 백야 현상이 나타나기도 한다. 남극은 얼음으로 뒤덮인 대륙이고 북극은 대륙에 둘러싸인 빙해다.

남극 대륙은 ㉠ 육대주에 속하는 ㉡ 오세아니아나 ㉢ 유럽 대륙보다도 넓으며, 대부분 얼음으로 덮여 있다. 평균 기온은 영하 55도 정도로 지구에서 가장 추운 곳이다. 이렇게 추운 날씨 때문에 남극에 사는 식물은 많지 않다. 이끼류와 추위에 잘 견디는 풀 몇 종류만 자란다. 동물은 펭귄, 바다제비, 바다표범, 갈매기, 물개 등이 살고 있다.

1959년에 맺은 남극 조약으로, 남극은 현재 어느 나라에도 속해 있지 않다. 그래서 과학 연구를 위해서는 누구든 갈 수 있다. 우리나라는 1986년 남극 조약에 가입했고, 2년 뒤인 1988년에는 남극의 킹 조지섬에 '세종 과학 기지'를 세웠다. 이어 2014년에는 남극 대륙 안에 ㉣ 두 번째 과학 기지를 설치하였다. 이 두 기지를 통해 지구의 기후와 환경이 어떻게 변하는지 관측하고, 남극에 있는 천연자원과 수산 자원을 연구하고 있다. 남극의 풍부한 자원을 얻기 위해, 우리나라뿐 아니라 세계 여러 나라가 치열한 경쟁을 벌이고 있다.

우리나라는 이곳을 연구하기 위해 해마다 연구원을 10명 이상 파견하고 있다. 연구원들은 1년 동안 남극에서 생활한다. 그런데 남극은 날씨가 변화무쌍하고 지형이 위험하기 때문에 과학 기지 밖에서 조사할 때에는 위험이 따른다. 눈과 함께 불어오는 강한 바람을 '블리자드'라고 하는데, 블리자드가 있는 날에는 바깥 활동을 하지 않는다. 또 빙하 표면이 갈라져 생긴 틈인 '크레바스'는 연구대원의 목숨을 위협할 정도로 위험하다. 남극의 얼음이 워낙 두껍기 때문에 이 틈에 빠지면 나오기 어렵기 때문이다.

남극보다는 덜 춥지만 북극도 평균 기온이 영하 35~40도로 매우 추운 곳이다. 거대한 북극해와 여러 대륙이 북극을 둘러싸고 있다. 대부분 얼음으로 덮여 있으며, 지구 반대편에

---

* 빙해: 얼음으로 뒤덮인 바다.

* 천연자원: 자연적으로 존재하여 인간 생활이나 생산 활동에 이용할 수 있는 자원.

* 수산 자원: 바다나 강에서 생산되는 자원. 물고기나 조개류가 있다.

* 파견하고: 임무를 주어 사람을 보내고.

* 변화무쌍하고: 매우 심하게 변하고.

있는 남극 대륙과 넓이가 비슷하다. 북극해의 해빙은 1년 내내 얼어 있는 영구빙과 계절에 따라 바닷물에 떠다니는 유빙으로 나뉜다. 영구빙은 1년 이상 되면 더욱 단단해지고, 녹여서 마실 수 있을 정도로 염분 농도가 낮아진다.

북극과 그 주변에는 꽤 많은 동물이 살고 있다. 북극곰, 북극여우와 바다표범, 북극고래 등이 산다. 그러나 ⑩ 지구의 기온 변화로 북극의 얼음이 줄어들면서 북극곰 등이 멸종 위기에 처해 있다.

우리나라는 2002년 4월 북극 노르웨이령 스발바르 군도의 스피츠베르겐 섬에 '다산 과학 기지'를 설치하여 북극의 환경과 생태계 변화 등을 연구하고 있다.

* 해빙: 바닷물이 얼어서 생긴 얼음.
* 염분: 바닷물 등에 들어 있는 소금기.
* 노르웨이령: 노르웨이의 영토(그 나라의 땅).
* 군도: 무리를 이루고 있는 크고 작은 섬들.

1 밑줄 친 '백야 현상'의 뜻을 이 글에서 찾아 쓰세요. | 어휘 |

_____

2 이 글의 내용과 맞는 문장을 찾으세요. | 내용 파악 |

① 백야 현상은 남극에서만 일어난다.

② 너무 추워서 남극에는 동물이 살지 않는다.

③ 우리나라는 1986년에 남극 조약에 가입했다.

④ 연구원들은 세종 과학 기지에서 3년 동안 근무한다.

⑤ 북극이 남극보다 더 춥다.

3 다음 뜻에 알맞은 낱말을 앞 글에서 찾아 쓰세요. ┃어휘┃

(1) 빙하 표면이 갈라져 생긴 틈.

(2) 눈과 함께 불어오는 강한 바람.

(3) 1년 내내 얼어 있는 얼음.

(4) 바닷물에 떠다니는 얼음.

4 이 글의 내용을 잘못 설명한 것을 찾으세요. ┃내용 파악┃

① 남극은 지구에서 가장 추운 곳이다.
② 남극 대륙은 거의 얼음으로 덮여 있다.
③ 남극에는 자원이 풍부하다.
④ 남극에는 펭귄과 북극곰이 산다.
⑤ 남극 대륙은 오세아니아 대륙보다 크다.

5 ㉠은 지구의 여섯 대륙을 뜻합니다. 육대주에 속하지 않는 것을 찾으세요. ┃배경지식┃

① 아시아   ② 아프리카   ③ 러시아
④ 남아메리카   ⑤ 북아메리카

6 다음 나라 가운데 ㉡에 속하면 ㉡, ㉢에 속하면 ㉢을 괄호 안에 쓰세요.. ┃배경지식┃

(1) 독일   (   )   (2) 호주   (   )
(3) 뉴질랜드   (   )   (4) 프랑스   (   )

7 이 글에 실리지 <u>않은</u> 내용을 찾으세요. **| 내용 파악 |**

① 남극 조약이 생긴 해.　　　　　　　② 세종 과학 기지를 만든 해.

③ 세종 과학 기지의 위치.　　　　　　④ 세종 과학 기지에서 하는 일.

⑤ 남극의 천연자원과 수산자원 종류.

8 우리나라는 세종 과학 기지에 이어, 남극 대륙에 두 번째 기지를 세웠습니다. ㉣의 이름은 무엇일까요? **| 배경지식 |**

> 　남극 대륙 중심부로 진출하기 위해 세운 과학 기지다. 2014년, 남극 세종 과학 기지에 이어 두 번째로 북빅토리아랜드에 세웠다. 기후 변화 연구, 지형 및 지질 조사, 우주 과학 연구 등 다양한 연구를 진행하고 있다.
> 　이 기지는 통일 신라 시대의 장수 이름을 따서 지었다. 이 장수는 우리나라 바다의 안전을 지켰다. 또 이를 바탕으로 당나라와 일본을 왕래하며 활발하게 무역을 추진하였다.
>
> ＊무역: 나라와 나라 사이에 물건을 사고파는 일.

① 이순신 과학 기지.

② 장보고 과학 기지.

③ 강감찬 과학 기지.

④ 김유신 과학 기지.

⑤ 을지문덕 과학 기지.

9 '지구의 기온이 높아지는 현상'이라는 뜻을 지닌 말입니다. ㉤을 설명하는 현상이 되도록 빈칸에 알맞은 낱말을 쓰세요. **| 추론 |**

지구 ☐☐☐ 현상

온도는 차갑거나 따뜻한 정도를 숫자로 나타낸 것이다. 온도는 우리 삶에 도움을 준다. 물이나 기름, 또 음식의 온도 등을 측정해 맛있고 건강한 요리를 만들 수도 있다.

우리가 주변에서 가장 쉽게 접할 수 있는 온도 단위는 '섭씨온도'다. 섭씨는 스웨덴의 천문학자 안데르스 셀시우스가 처음 제안하였다. 중국에서는 셀시우스의 이름을 '섭이사'라고 하는데, 여기서 가장 앞 글자를 따서 '섭씨'라고 부르고 '℃'로 나타낸다. 섭씨온도는 물이 어는 온도와 끓는 온도 사이를 100으로 나눈 단위다. 즉 물이 어는 온도는 0℃, 끓는 온도는 100℃다. 100℃는 '섭씨 100도'라고 읽는다. 생물학, 화학, 지구 과학 등 많은 분야에서 섭씨온도를 사용하고 있다.

분자 운동의 활발한 정도를 기준으로 삼은 것이 '절대 온도'다. 물체는 분자가 모여 이루어졌다. 이 분자들은 맨눈으로는 볼 수 없을 만큼 작지만, 쉬지 않고 움직인다. 하지만 온도에 따라 움직이는 정도가 달라진다. 온도가 높으면 빠르게 움직이고, 온도가 낮을 때에는 상대적으로 움직임이 느리다. 모든 물체의 분자가 움직임을 멈추는 온도는 영하 273.15℃다.

절대 온도의 단위는 'K'로, '켈빈'이라고 읽는다. 켈빈은 영국 물리학자 윌리엄 톰슨에게서 따온 말이다. 본명은 윌리엄 톰슨이지만 남작 작위를 받으면서 스코틀랜드의 켈빈 강의 이름을 따서 '켈빈 경'이라고 불리었다. ㉠ 모든 분자 운동이 완전히 멈춘 온도가 0K(영하 273.15℃)이며, 온도 간격은 섭씨온도와 같다. 즉 섭씨온도가 1도 오르면 절대 온도도 1K오른다. 1K는 '1켈빈'이라 읽는다. 처음에는 다른 온도와 같이 '°'를 붙여 '°K'로 썼으나 1960년대 이후 '°'를 빼고 'K'로 사용하고 있다. 천문학이나 물리학 등에서는 주로 절대 온도를 사용한다.

---

* 기온: 대기(지구를 둘러싸고 있는 기체)의 온도.
* 분자: 어떤 물질이 성질을 잃지 않고 분리될 수 있는 최소의 물체. 원자(물질을 구성하는 기본 물체) 하나로도 이루어지지만 보통은 둘 이상의 원자가 결합하여 이루어진다.
* 남작: 다섯 등급으로 나눈 귀족의 작위 가운데 가장 낮은 작위.
* 작위: 벼슬의 계급.
* 경: 영국에서, 귀족 작위를 받은 사람을 높여 이르는 말.

화씨온도는 독일의 다니엘 가브리엘 파렌하이트의 이름을 딴 온도 단위다. 기호는 '℉'로 나타내고 '화씨'라고 읽는다. 중국에서 파렌하이트의 이름을 '화륜해'라고 적는다. 그래서 그 맨 앞 글자를 따서 '화씨'라고 부른다. 순수한 물이 어는 온도를 32℉, 끓는 온도를 212℉로 하여 그 사이를 180으로 나누었다. 화씨온도는 온도 단위 가운데 가장 먼저 사용되었지만 지금은 미국과 몇몇 나라만 사용하고 있다.

이외에도 프랑스의 물리학자 르네 레오뮈르의 이름에서 유래한 '열씨(℞) 등이 있지만 이 단위들은 거의 사용되지 않는다.

1 빈칸에 알맞은 낱말을 넣어 이 글의 제목을 지어 보세요. |제목|

의 종류

2 이 글의 내용으로 맞는 것에는 O, 틀린 것에는 X 하세요. |내용 파악|

① 우리 주변에서 가장 쉽게 접할 수 있는 온도는 절대 온도다.　　　　(　　　)

② 섭씨온도에서 물이 끓는 온도는 100℃다.　　　　(　　　)

③ 섭씨온도가 1도 오르면 절대 온도는 2도 오른다.　　　　(　　　)

④ 절대 온도의 단위는 현재 '°K'를 쓰고 있다.　　　　(　　　)

⑤ 화씨온도 32℉와 섭씨온도 0℃는 같다.　　　　(　　　)

⑥ 온도를 나타내는 단위는 섭씨와 화씨, 절대 온도밖에 없다.　　　　(　　　)

3 ㉠은 몇 도인가요? 섭씨온도로 단위까지 쓰세요. |내용 파악|

_____

4 이 글의 내용을 표로 정리했습니다. 빈칸에 알맞은 내용을 쓰세요. | 내용 파악 |

이름	제안자	기호
섭씨		℃
절대 온도	윌리엄 톰슨(켈빈 경)	
	다니엘 가브리엘 파렌하이트	℉
열씨	르네 레오뮈르	

5 다음 설명에 어울리는 낱말을 보기에서 찾아 쓰세요. | 어휘 |

실온   상온   체온   기온   수온

(1) 대기의 온도. 보통 땅 위 1.5미터 높이의 백엽상 속 온도계로 잰다.

(2) 방 안의 온도.

(3) 자연 그대로의 보통 기온.

(4) 물의 온도.

(5) 동물의 몸 온도.

* 백엽상: 기상 관측용 기구가 설치되어 있는, 조그만 집 모양의 흰색 나무 상자.

6 다음 글을 읽고 빈칸에 알맞은 내용을 찾으세요. | 적용 |

> 눈에 보이지는 않지만 물에는 수많은 물 분자들이 활발하게 운동하고 있다.
>
> 현진이는 보리차를 끓이려고 5℃ 물이 담긴 주전자를 가스레인지 위에 올려놓았다. 가스레인지의 불을 켜고 5분이 지났다. 그때 물의 온도는 40℃였다. 40℃의 물은 처음 주전자에 담았던 물보다 [   ].

① 깨끗해졌다.

② 분자 수가 늘어났다.

③ 분자의 크기가 작아졌다.

④ 분자의 움직임이 활발하다.

⑤ 분자의 움직임이 느리다.

7 다음 글을 읽고, 냉방기와 난방기의 위치를 가장 잘 말한 사람을 찾으세요. | 추론 |

> 액체나 기체에서, 물질이 이동하여 열이 전달되는 현상을 '대류'라고 한다. 액체나 기체가 가열되면, 따뜻해진 액체나 기체는 위로 올라간다. 상대적으로 차가운 액체나 기체는 아래로 내려온다. 따라서 어떤 공간 전체를 시원하게 하거나 따뜻하게 하려면, 대류 현상을 잘 이용하여 냉방기나 난방기를 설치해야 한다.

① 지수: 교실 전체를 시원하게 하려면 에어컨은 바닥에 설치하는 것이 좋겠어.

② 성범: 바닥에는 먼지가 있으니 에어컨은 무릎 높이에 놓는 것이 좋아.

③ 승환: 천장에 에어컨을 설치하면 찬 공기가 아래로 내려와서 시원할 것 같아.

④ 재윤: 추운 겨울을 대비해서 내 방 천장에 난방기를 설치하고 싶어.

⑤ 지혜: 냉방기든 난방기든 높이 달아놓는 것이 온도 유지에 도움이 돼.

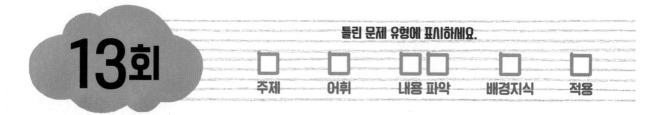
　　설명하는 글을 잘 쓰려면 어떻게 해야 할까? 먼저 무엇을 왜 쓰는지 결정한다. 즉 제일 먼저 글감과 주제를 정해야 한다. 다음으로, 내 글을 읽을 사람이 누구인지 생각해야 한다. 본격적으로 글을 쓸 때에는 글감과 주제에 맞는 설명 방법을 이용한다.

　　설명 방법은 다양하다. '분석'은 전체를 부분으로 나누어 설명하는 방법이다. '분류'는 어떤 기준을 두어 그 기준에 맞게 종류를 나누어 나타내는 설명 방법이다.

분석	분류
기타는 크게 몸통과 줄, 그 둘을 이어주는 장치로 이루어져 있다.	악기의 종류에는 현악기, 관악기, 타악기, 건반 악기가 있다.

　　다음으로 '비교'와 '대조'가 있다. 비교는 어떤 두 대상의 공통점으로, 대조는 두 대상의 차이점으로 설명하는 방법이다.

비교	대조
첼로와 바이올린은 둘 다 활로 줄을 문질러 소리를 내는 현악기다.	현악기는 직접 줄을 문지르거나 뜯어서 소리를 낸다. 하지만 건반 악기는 건반에 연결된 장치가 줄을 두드려 소리를 낸다.

　　그런데 비교와 대조는 함께 쓰는 때가 많다.

대조 + 비교
첼로와 바이올린은 크기가 다르지만, 둘 다 활로 문질러 소리를 내는 악기다.

* 본격적으로: 어떤 일이 본래의 목적에 따라 활발하게.

'서사'는 어떤 대상을 시간 순서대로 나타내는 방법이다. '묘사'는 어떤 사물의 모습을, 마치 눈으로 보는 듯이 자세히 나타내는 설명 방법이다. 보통 왼쪽에서 오른쪽, 위에서 아래, 이렇게 한 방향으로 설명한다.

서사	묘사
우리 땅에 처음 생긴 나라는 고조선이다. 그 이후에 고구려, 백제, 신라 등이 나타났다. 이 세 나라가 전쟁으로 힘을 잃을 때쯤 고려가 탄생했다. 고려의 장수 이성계는 반란을 일으켜 새로운 나라를 만들었는데 그것이 조선이다. 일본이 조선에 쳐들어와 주권을 빼앗았지만 우리나라는 1945년에 광복을 맞았다.	피아노는 위에서 보면 삼각형에 가깝게 생겼다. 피아노 위의 뚜껑은 열고 닫을 수 있게 되어 있고, 건반은 하얀색과 검은색으로 이루어져 있다. 바퀴가 달린 다리는 세 개며, 앞다리 두 개 사이에는 페달이 세 개 달려 있다.

마지막으로, 예시는 앞에서 설명한 내용에, 예를 들어 자세히 설명하는 방법이다.

예시
관악기는 그 크기나 종류가 무척 다양하다. 예를 들어, 피리, 단소, 피콜로처럼 작고 곧은 것부터, 색소폰, 트롬본처럼 살짝 굽은 악기, 트럼펫, 호른, 튜바처럼 크고 복잡하게 생긴 악기가 있다.

설명할 글감과 주제에 맞는 설명 방법을 잘 고른다면, 누구에게, 무엇을 설명을 하더라도 쉽게 이해시킬 수 있다.

* 반란: 정부나 지도자 따위에 반대하여 일으킨 큰 싸움.

1 빈칸을 채워 이 글의 중심 생각을 완성하세요. | 주제 |

의 종류

2 '악기에서, 발로 밟는 장치'라는 뜻을 지닌 낱말을 이 글에서 찾아 쓰세요. | 어휘 |

_____

3 설명문을 쓰는 과정을 바르게 나타낸 것을 찾으세요. | 내용 파악 |

① 글감과 주제 정하기 → 설명 방법 정하기 → 예상 독자 정하기

② 글감과 주제 정하기 → 예상 독자 정하기 → 설명 방법 정하기

③ 예상 독자 정하기 → 글감과 주제 정하기 → 설명 방법 정하기

④ 설명 방법 정하기 → 예상 독자 정하기 → 글감과 주제 정하기

⑤ 설명 방법 정하기 → 글감과 주제 정하기 → 예상 독자 정하기

4 설명 방법에 대한 내용이 맞으면 O, 틀리면 X 하세요. | 내용 파악 |

① 기준에 맞추어 종류를 나누어 설명하는 방법은 분석이다.   (   )

② 두 대상의 공통점으로 설명하는 방법은 비교다.   (   )

③ 시간의 흐름대로 설명하는 방법은 묘사다.   (   )

④ 앞에서 설명한 내용에 예를 들어 자세히 설명하는 방법은 예시다.   (   )

5 다음은 '묘사'의 방법으로 쓴 글입니다. 다음 글에서 설명하는 물건의 이름을 쓰세요. | 배경지식 |

> 우리 집 거실 벽에 있는 물건이다. 테두리는 둥글고 그 안에는 1부터 12까지 숫자가 적혀 있다. 숫자 사이에는 작은 눈금이 그려져 있다. 또 굵고 짧은 것, 중간 굵기에 긴 것, 빨갛고 가느다란 것, 이렇게 바늘 세 개가 눈금을 가리키고 있다.

_____

6 다음 글을 읽고, 그 글에 쓰인 설명 방법을 쓰세요. | 적용 |

(1)
　　네트를 사이에 두고 공을 주고받는 운동에는 여러 가지가 있다. 예를 들면, 손으로 공을 쳐서 세 번 안에 상대방 경기장 안으로 넘겨야 하는 배구, 탁자 가운데에 네트를 두고 채로 작은 공을 쳐서 상대방에게 넘기는 탁구, 길고 큰 채로 주먹만 한 공을 쳐 넘기는 테니스 등이 있다.

(2)
　　자전거는 여러 부분으로 이루어졌다. 손잡이는 자전거의 방향을 바꿀 때에 사용한다. 또 다리의 힘을 자전거에 전달하는 페달이 있다. 바퀴는 보통 두 개다. 체인은 다리로 페달을 돌리는 힘을 바퀴로 전달하는 역할을 한다.

(3)
　　칼과 가위는 모습과 사용 방법이 다르다. 칼은 칼날이 하나다. 한 손으로 칼을 쥐고, 자를 물건 위에 칼날을 올린 뒤 움직여 아래에 놓인 물건을 자른다. 가위는 손잡이에 엄지와 검지를 넣고 두 칼날을 벌렸다가 오므리면서 물건을 자른다.

(4)
　　1945년에 미국에서 최초의 컴퓨터 에니악을 만들었다. 1970년대에 등장한 개인용 컴퓨터는 크기가 작아지고 성능도 훨씬 향상되었다. 1980년대부터 개인용 컴퓨터가 널리 퍼졌다. 1990년대부터는 인터넷을 사용했으며, 2000년대에는 스마트폰 등 크기와 모양이 다양한 기기들이 등장했다.

　우리가 눈으로 사물을 볼 수 있는 것은 빛 때문이다. 빛은 기본적으로 곧게 나아간다. 하지만 어떤 물체를 만나면 돌아오기도 하고, 다른 방향으로 꺾이기도 한다.

　우리가 볼 수 있는 것에는 태양, 촛불, 전구처럼 스스로 빛을 내는 '광원'과 종이, 나무, 거울처럼 스스로 빛을 내지 못하는 '반사체'가 있다. 광원이 아닌 물체가 우리 눈에 보이는 까닭은 빛의 반사 때문이다. 반사란 빛이 나아가다가 물체에 부딪혀 돌아오는 현상이다. 광원에서 나온 빛이 직진하다 물체에 부딪혀 반사되면 우리가 그 물체를 볼 수 있다. 여기서 물체의 표면에 따라, 다른 물체를 비추는 것과 그렇지 않은 것이 있다. 예를 들어, 거울과 종이는 둘 다 빛을 반사한다. 그런데 거울은 다른 물체의 모습을 비추지만 종이는 그러지 못한다. 거울과 종이에서 일어나는 반사의 방식이 다르기 때문이다.

　표면이 매끄러운 거울이나 금속, 유리에는 빛이 나란히 들어갔다가 나란히 나온다. 이를 '정반사'라고 한다. 빛이 정반사하면 물체의 모습이 거울이나 금속 등에 비쳐 보인다.

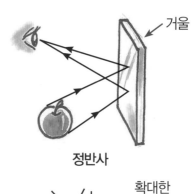

정반사

　하지만 표면이 거칠고 울퉁불퉁한 물체에는 빛이 나란히 들어가도 나오는 방향이 다르다. 종이, 책상, 피부 등은 눈으로 보면 매끄러워 보이지만 현미경으로 확대해 보면 표면이 울퉁불퉁하다. 그래서 종이에 들어간 빛은 제각기 다른 방향으로 흩어져 버린다. 이러한 반사를 '난반사'라고 한다. 빛이 난반사하면 다른 물체를 비추지 못하지만, 어느 곳에서 바라봐도 그 물체를 볼 수 있다.

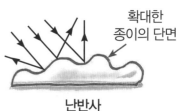

확대한 종이의 단면

난반사

　그렇다면 오목하거나 볼록한 거울에서는 물체가 어떻게 보일까?

　오목 거울은 가운데가 오목하게 들어가 있다. 오목 거울로 가까이 있는 물체를 비추면 확대되어 보인다. 멀리 있는 물체를 보면 그 물체가 뒤집혀 작게 보인다. 오목 거울에 비친 빛은 한 점으로 모여 물체를 잘 볼 수 있게 해 준다. 그래서 오목 거울은 손전등이나 현미경에 쓰여, 물체를 더 밝게 보이도록 한다. 또 가까이 있는 물체를 확대하여 자세히 볼 수 있게 하는 점을 활용하여 치과용, 화장용으로 이용한다.

볼록 거울은 가운데 부분이 볼록하게 튀어나왔다. 볼록 거울로 보면 물체가 작게 보인다. 그 대신 넓은 범위를 볼 수 있게 한다. 볼록 거울은 편의점 같은 매장이나, 교차로, 자동차의 사이드 미러 등에 사용되어 넓은 공간을 한눈에 볼 수 있게 해 준다.

또 빛은 물체를 통과하면서 꺾이기도 한다. 이러한 현상을 '굴절'이라고 한다. 렌즈는 빛의 굴절을 이용한 도구다. 렌즈에도 볼록한 것과 오목한 것이 있다. 볼록 렌즈는 가운데가 두껍고 가장자리가 얇다. 빛이 볼록 렌즈를 통과할 때에는 렌즈의 두꺼운 쪽인 가운데 쪽으로 꺾여서 빛을 한 점으로 모이게 한다. 볼록 렌즈를 이용하면 작은 물체도 크게 볼 수 있다. 가까이 있는 물체가 잘 안 보이는 사람은 볼록 렌즈를 이용한 원시 교정용 안경을 쓴다. 이 밖에 현미경, 사진기 등에도 사용된다.

오목 렌즈는 가장자리가 두껍고 가운데가 얇다. 빛이 오목 렌즈를 통과할 때에는 렌즈의 두꺼운 쪽인 가장자리로 꺾인다. 오목 렌즈로 가까이 있는 물체를 보면 물체가 작게 보인다. 대신 멀리 있는 물체를 잘 보이게 한다. 따라서 근시가 있는 사람은 오목 렌즈를 이용한 근시 교정용 안경을 쓴다.

* 사이드 미러: 자동차에서, 차의 앞쪽 옆면에 다는 거울.
* 원시: 가까이 있는 것을 잘 볼 수 없는 시력.
* 근시: 가까운 데 있는 것은 잘 보아도 먼 데 있는 것은 선명하게 보지 못하는 시력.

1 사과를 오목 거울과 볼록 거울에 가까이 놓고 비췄을 때의 모습입니다. 거울 이름을 알맞게 쓰세요.

| 적용 |

⑴ (   ) 거울   ⑵ (   ) 거울

2 빛의 반사, 굴절 원리와 그 원리를 이용해 만든 물건을 알맞게 짝지으세요. | 내용 파악 |

(1) 반사 •
                              • 오목 렌즈, 볼록 렌즈

(2) 굴절 •
                              • 오목 거울, 볼록 거울

3 이 글의 내용으로 <u>틀린</u> 것을 고르세요. | 내용 파악 |

① 태양, 촛불, 전구처럼 스스로 빛을 내는 물체를 광원이라고 한다.

② 반사체를 볼 수 있는 것은, 물체에 반사된 빛이 우리 눈에 들어오기 때문이다.

③ 거울은 빛을 반사하지만 종이는 반사하지 못한다.

④ 표면이 매끄러운 물체에는 빛이 나란히 들어갔다가 나란히 나온다.

⑤ 표면이 울퉁불퉁한 물체는 나란히 들어간 빛을 여러 방향으로 반사한다.

4 다음 설명을 읽고 맞는 것에 O, 틀린 것에는 X 하세요. | 내용 파악 |

① 오목 거울에 가까이 있는 물체가 확대되어 보인다. ( )

② 멀리 있는 물체를 오목 거울에 비치면 작게 보인다. ( )

③ 오목 거울은 치과용 거울이나, 현미경 등에 쓰인다. ( )

④ 볼록 거울은 가운데 부분이 오목하게 들어가 있다. ( )

⑤ 볼록 거울에 비추면 물체가 크게 보인다. ( )

5 다음 중 정반사가 가장 잘 일어나는 물체는 어느 것인가요? | 적용 |

① 신문지　　　　② 구겨진 은박지　　　　③ 부드러운 이불

④ 출렁이는 물　　　⑤ 매끄러운 금속 그릇

6 다음은 렌즈를 통과하는 빛의 굴절 모습입니다. 렌즈의 이름을 알맞게 쓰세요. | 적용 |

(1)

(2)

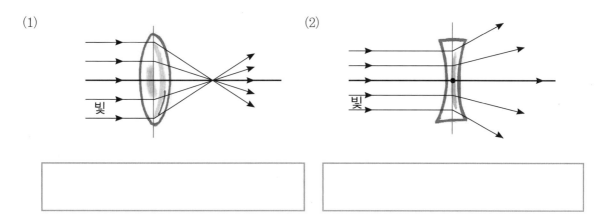

빛

빛

7 볼록 렌즈와 오목 렌즈에 대한 설명입니다. 빈칸을 채워 설명을 완성하세요 | 내용 파악 |

볼록 렌즈는 (   )가 두껍다. 빛이 통과하면서 렌즈의 가운데 방향으로 꺾인다. 볼록 렌즈를 이용하면, 가까이 있는 물체가 (   ) 보인다.

(   ) 교정용 안경, 현미경, 사진기 등에 쓰인다.

오목 렌즈는 (   )가 두껍다. 빛이 통과하면서 렌즈의 바깥쪽으로 꺾인다. 가까이 있는 물체를 오목 렌즈로 보면 물체가 (   ) 보인다. 대신 멀리 있는 물체가 잘 보여, (   ) 교정용 안경에 쓰인다.

8 사람의 눈에 보이는 빛도 있고 보이지 않는 빛도 있습니다. 이중 우리가 볼 수 있는 빛으로, '빨주노초 파남보'를 비롯한 여러 색깔이 모여 있는 것은 무엇인가요? | 배경지식 |

① 적외선
② 자외선
③ 가시광선
④ 엑스선
⑤ 감마선

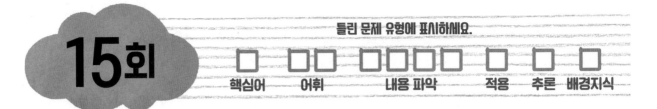

[가] 우리는 음식을 먹지 않으면 살아갈 수 없다. 받아들인 음식물을 아주 잘게 부수어 영양소를 우리 몸으로 흡수하면 그 힘으로 몸을 움직인다. 이렇게 우리 몸속에서 음식물을 분해하는 일을 '소화'라고 한다.

[나] 소화에는 기계적 소화와 화학적 소화가 있다. 무언가 직접 움직여 음식물을 작은 덩어리로 쪼개거나 소화액과 섞는 일을 기계적 소화라고 한다. 화학적 소화는 소화액으로 음식물을 아주 작게 분해하는 일을 말한다.

[다] 소화 기관은 연결되어 있다. 즉 음식물이 몸속으로 들어와 배출되기까지 이어진 여러 장기를 거친다. 음식물을 가장 먼저 만나는 소화 기관은 입이다. 이는 음식물을 잘게 부수는 역할을 한다. 앞니는 음식물을 적당한 크기로 자르고, 송곳니는 찢으며, 어금니는 잘게 으깬다.

[라] 그뿐 아니라 다른 소화 과정도 함께 일어난다. 침이 음식물과 섞이는 일이다. 침은 침샘에서 나오는데, 있는 곳에 따라 침샘을 크게 네 가지로 나눌 수 있다. 가장 큰 것이 '귀밑샘'이다. 귓바퀴 앞의 아래쪽에 있다. 또 '턱밑샘', '혀밑샘', '작은 침샘'이 있다. 작은 침샘은 입술부터 목까지, 입안 전체에 분포되어 있다. 침 속의 '아밀레이스'는 음식물 안에 있는 녹말(탄수화물)을 당분으로 분해한다. 또, 침은 소화하는 역할 외에, 입안의 세균을 조절하여 구강 건강을 지키고, 몸속으로 병균이 들어가지 못하게 막는 역할도 한다.

[마] 입에서 삼킨 음식물은 식도로 내려간다. 식도는 입과 위를 잇는 소화 기관으로, 꿈틀운동을 하여 음식물을 위로 내려보낸다. 식도의 위와 아래에는 조임근이 있다. 음식물이 목으로 넘어오면 닫혀 있던 조임근을 열어 음식물을 식도로 내려보내고, 다 내려가면 닫는다. 음식물이 식도 아래쪽으로 내려가면 아래의 조임근을 열어 위로 음식물을 보낸다. 모두 내려가면 조임근을 닫아 음식물의 역류를 막는다.

* 당분: 물에 잘 녹으며 단맛이 있는 성분.
* 꿈틀 운동: 몸속 기관이 내용물을 내보내기 위해 연속적으로 수축하여 일어나는 운동.
* 조임근: 고리 모양으로 생겨, 오므리거나 벌려 기관을 열고 닫는 역할을 하는 근육.

[바] 소화 기관 가운데 가장 잘 알려진 것이 위다. 위는 식도 아래에 있으며 주머니처럼 생겼다. 식도를 통해 내려온 음식물을 잠시 저장하고 위액과 섞어 소화한다. 음식물이 없을 때에는 위가 줄어들어 주름이 생긴다. 하지만 음식물이 들어오면 주름이 펴지면서 위가 늘어난다.

[사] 위도 기계적 소화와 화학적 소화를 동시에 한다. 위벽의 근육이 수축을 하면서 음식물을 위 안으로 내려보내면, 위는 비틀고 쥐어짜는 운동을 통해 음식물을 죽 같은 상태로 만든다. 음식물이 넘어오면 위벽에서 '펩신'과 '위산(염산)'이 나온다. 펩신은 음식물 속의 단백질을 분해하고, 위산은 음식물과 함께 넘어온 여러 세균을 죽이는 역할을 한다.

[아] 위의 아래에는 소화 기관 중 가장 긴 작은창자가 연결되어 있다. 성인을 기준으로, 굵기 2.5~3cm, 길이 6~7m 정도의 내장이 배 속에 구불구불 포개져 있다. 영양분 흡수는 대부분 작은창자에서 일어난다. 작은창자 안에는 주름이 많은데, 주름마다 손가락 모양의 융털이 빽빽하게 나 있다. 융털은 작은창자 내부의 표면적을 넓혀 영양분을 효과적으로 흡수하게 한다. 작은창자의 근육이 움직여서 음식물을 소화액과 섞어 큰창자로 넘겨준다.

[자] 작은창자는 샘창자(십이지장), 빈창자(공장), 돌창자(회장) 이렇게 세 부분으로 나누어 볼 수 있다. 샘창자는 위 바로 아래에 이어져 있으며, 길이는 약 25cm다. 알파벳 'C' 자 모양으로 생겼는데, 손가락 12개를 나란히 놓은 길이여서 '십이지장'이라고도 불린다. 샘창자는 여러 소화액을 분비하여 음식물을 소화한다. 작은창자의 붉은색을 띠는 부분을 빈창자, 그 뒷부분을 돌창자라고 한다.

[차] 큰창자는 길이가 약 150cm인 장기다. 작은창자보다 길이는 짧지만, 굵어서 큰창자(대장)라고 부른다. 작은창자에서 이어져 배 속을 크게 한 바퀴 돌고 항문까지 이어진다. 음식물 찌꺼기가 마지막으로 저장되는 곳으로, 비타민과 수분을 흡수한다. 큰창자 안에 있는 대장균은 식이 섬유를 분해하고, 장 건강을 돕는다. 큰창자는 막창자, 막창자꼬리, 잘록창자, 곧창자로 이루어져 있다.

* 수축: 근육 등이 오그라드는 것.
* 융털: 척추동물에서, 작은창자 안쪽 벽에 있는 손가락 또는 나뭇가지 모양의 돌기(뾰족하게 도드라진 부분).
* 표면적: 물체 겉면의 넓이.
* 대장균: 사람이나 동물의 큰창자 안에 늘 있는 세균.

[카] 막창자는 작은창자의 끝부분과 이어진다. 배의 오른쪽 아래에 있으며, 큰창자에서 가장 폭이 넓다. 막창자 아래에는 6~9cm의 막창자꼬리가 있다. 막창자 위쪽으로 이어진 것이 잘록창자인데, 큰창자의 대부분을 차지한다. 음식물 찌꺼기에서 수분을 흡수하며 꿈틀 운동으로 음식물 찌꺼기를 이동시킨다. 곧창자는 큰창자의 가장 끝부분으로, 길이가 약 20cm며 아래로 곧게 뻗어 있다. 음식물 찌꺼기가 가득 차서 곧창자 벽이 늘어나면 신경을 자극하여 변을 보고 싶은 느낌을 들게 한다. 그러면 항문으로 대변을 내보낸다.

[타] 음식물이 직접 지나가는 장기 외에도 소화에 도움을 주는 기관이 있다. 간, 쓸개, 이자는 소화액을 분비한다. 간에서는 지방의 분해를 도와주는 쓸개즙을 만든다. 간에서 만들어진 쓸개즙은 쓸개에 저장되어 있다가 샘창자로 보내져 지방을 분해한다. 이자액은 위 바로 아래에 있는 이자(췌장)에서 만들어지며, 단백질, 지방, 탄수화물을 모두 분해한다.

[파] 우리가 생각하거나 느끼지 못하는 사이에도 소화는 이루어지고 있다. 우리 몸의 여러 부분이 작용하여 몸속에 들어온 음식물을 분해하고 영양분을 흡수한다.

* 신경: 우리 몸 각 부분 사이에 필요한 정보를 서로 전달하는 조직.
* 분비: 세포가 침이나 소화액, 호르몬 등의 물질을 세포 밖으로 내보내는 것.

1 이 글에서 가장 중요한 낱말을 찾아 쓰세요. |핵심어|

2 밑줄 친 낱말의 뜻풀이가 <u>잘못된</u> 것을 찾으세요. |어휘|

① 배출: 안에서 밖으로 내보냄.

② 장기: 내장의 여러 기관.

③ 분포: 일정한 범위에 흩어져 퍼져 있음.

④ 구강: 입안.

⑤ 역류: 액체가 제 길을 따라 아래로 잘 흐름.

3 다음 설명에 알맞은 말을 [차]에서 찾아 쓰세요. | 어휘 |

> 이것은 식품 가운데에서 채소, 과일, 해조류 등에 많이 들어 있다. 사람의 소화 효소로는 소화가 이루어지지 않아 몸 밖으로 배출된다.
>
> * 해조류: 바다에서 나는 조류(식물의 한 종류).
> * 소화 효소: 여러 장기에서 분비되어 음식물의 소화를 돕는 물질.

4 이 글의 구조를 나타낸 표입니다. 빈칸을 알맞게 채우세요. | 내용 파악 |

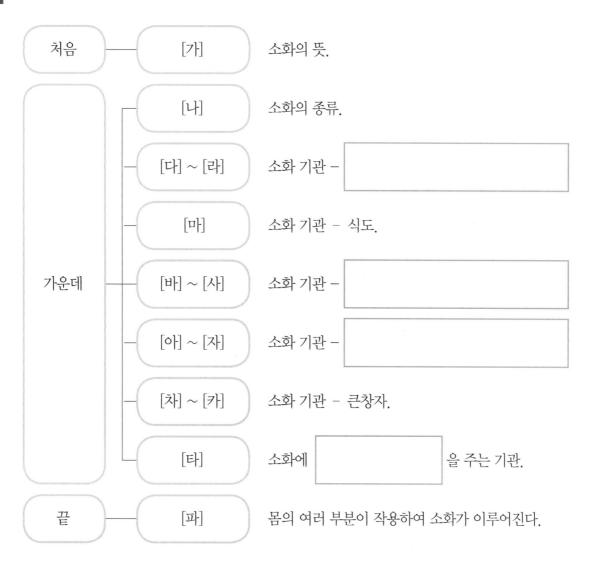

처음 —— [가] 소화의 뜻.

가운데
— [나] 소화의 종류.
— [다] ~ [라] 소화 기관 –
— [마] 소화 기관 – 식도.
— [바] ~ [사] 소화 기관 –
— [아] ~ [자] 소화 기관 –
— [차] ~ [카] 소화 기관 – 큰창자.
— [타] 소화에 　　　　을 주는 기관.

끝 —— [파] 몸의 여러 부분이 작용하여 소화가 이루어진다.

5 소화에는 두 가지 종류가 있습니다. 다음 뜻을 보고 소화의 종류를 쓰세요. |내용 파악|

(1) (　　　　　　　) 소화: 음식물을 작게 부수거나 이동시키고 소화액과 섞는 일.

(2) (　　　　　　　) 소화: 소화액으로 음식물을 아주 작게 분해하는 일.

6 다음 그림을 보고 소화 기관의 이름을 바르게 찾아 쓰세요. |적용|

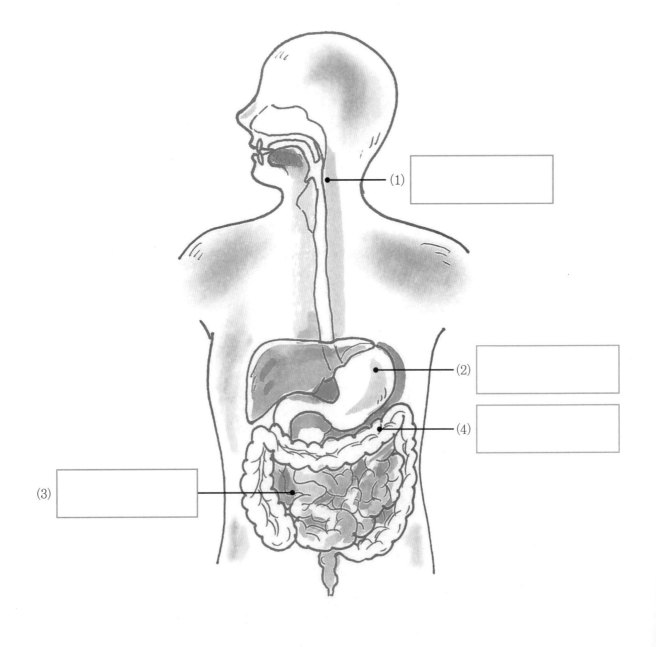

(1)

(2)

(4)

(3)

7 다음 빈칸을 알맞게 채워 이의 역할을 정리하세요. **|내용 파악|**

(1)	앞니	음식물을
(2)	송곳니	음식물을
(3)	어금니	음식물을

8 이 글의 내용으로 맞는 것에는 O, 틀린 것에는 X 하세요. **|내용 파악|**

① 침은 귀에서 분비된다.　　　　　　　　　　　　　　(　　　)

② 소화 기관 가운데 가장 긴 것은 대장이다.　　　　　(　　　)

③ 위에서는 화학적 소화만 이루어진다.　　　　　　　(　　　)

④ 작은창자는 샘창자, 빈창자, 돌창자로 이루어져 있다.　(　　　)

9 큰창자는 작은창자보다 짧지만, 굵어서 '대장'이라고도 부릅니다. 그러면 작은창자는 다른 말로 뭐라고 할까요? **|추론|**

	장

10 다음 글을 읽고 괄호 안에 들어갈 신체 기관을 [타]에서 찾아 쓰세요. **|배경지식|**

> '간에 붙었다 (　　　　　　)에 붙었다 한다'
> 　이 속담은 자기에게 조금이라도 이익이 되면 이편에 갔다가 저편에 갔다가 하는 모습을 비유적으로 이르는 말이다.

[가]

요즘 비만 어린이들이 늘고 있다. 비만 아동을 위한 병원이 따로 생길 정도다.

[나]

몸에 불필요한 지방이 지나치게 축적되는 상태를 비만이라고 한다. 그 가운데 소아 비만은 유아기에서 사춘기까지의 어린이에게 나타나는 비만을 말한다. 이 시기에 음식을 너무 많이 섭취하고 운동을 하지 않으면 남는 열량이 지방으로 몸에 쌓인다. 이때 몸속에 지방이 많이 쌓이면 비만이 된다.

[다]

'㉠ [   ]'이라는 말이 있다. 비만하게 되면 여러 질병에 걸리기 쉽다는 말이다. 어릴 때 비만한 사람 가운데 80~85퍼센트가 성인 비만으로 이어진다. 지방 세포수가 늘어 성인 비만으로 이어질 확률이 높다. 비만인 사람은 고혈압, 심장병, 당뇨 등 성인병에 걸리기 쉽다. 또 비만 어린이는 학교생활에 자신감을 잃거나, 심지어 친구들 사이에서 열등감을 느끼기도 한다.

[라]

현대에는 많은 어린이가 환경의 원인으로 비만해진다. 햄버거, 피자 같은 기름진 음식과 콜라, 아이스크림 같은 단 음식을 접할 기회가 많아졌다. 또 예전에 비해 바깥에서 활동하는 시간이 줄었다. 옛날에는 사교육이 별로 없었고 밖에서 친구들과 활동적으로 움직이는 놀이가 많았다. 하지만 현대 어린이들은 학원 등을 다니며 오랫동안 앉아 공부하고, 컴퓨터나 휴대 기기를 사용하여 앉아서 하는 놀이를 즐긴다. 즉 섭취한 에너지는 많지만 활동량이

---

* 고혈압: 혈압(심장에서 피를 밀어낼 때, 혈관 안에 생기는 압력)이 정상보다 높은 증상.
* 당뇨: 소변에 당분이 많이 섞여 나오는 병.
* 열등감: 자기를 남보다 못하거나 가치가 없다고 낮추어 평가하는 감정.
* 사교육: 공교육(국가가 시행하는 학교 교육)을 보충하기 위해 학교 밖에서 하는 교육. 학원, 학습지 등.

줄면서 살이 찌는 사람이 늘어났다.

[마]

심리적인 요인도 비만에 적지 않은 영향을 끼친다. 성적, 친구 관계, 학원 때문에 스트레스를 받는 어린이들이 많다. 이런 스트레스가 건강에 직접 영향을 주기도 하지만, 간접적으로 영향을 끼치기도 한다. 달거나 자극적인 음식을 먹는 것으로 그 스트레스를 풀어 비만이 되는 어린이도 있다.

[바]

드물지만 병에 걸려 비만에 빠지기도 한다. 뇌에 이상이 생겨 식욕이 증가하거나, 포만감을 느끼는 부분에 이상이 생겨 비만이 되기도 한다. 또 몸속 호르몬에 이상이 생겨 비만으로 이어지기도 한다.

[사]

소아 비만을 예방하기 위해 가장 먼저 실천해야 하는 것은 ⓒ 음식 조절이다. 기름지거나 단 음식은 맛있지만 지방과 당분이 많이 포함되어 있어 살이 찌기 쉽다. 따라서 기름지거나 단맛이 많이 나는 음식은 줄이는 것이 좋다. 하루 세끼 규칙적인 식사를 하는 것도 중요하다. 식사를 거르거나 제때 먹지 않으면 한 번에 많은 음식을 먹어 살이 찔 수 있다. 그리고 평소에 간식을 멀리하는 습관이 필요하다.

[아]

평소에 운동을 꾸준히 하는 것도 도움이 된다. 섭취한 에너지를 사용하지 않으면 지방이 쌓여 비만이 될 수 있다. 소아 비만을 막으려면 컴퓨터 게임을 하거나 텔레비전 보는 것을 줄이고, 일주일에 세 번 이상 유산소 운동을 꾸준히 하는 것이 좋다.

[자]

한번 비만이 되면 다시 살을 빼는 데에 많은 시간과 노력이 필요하다. 따라서 소아 비만을 예방하기 위해 평소에 노력해야 한다.

* 포만감: 가득 차 있는 느낌.
* 호르몬: 동물의 몸속에서 돌아다니며, 기관의 작용을 조절하는 물질.
* 유산소 운동: 몸속의 지방을 태워 체중 조절에 효과가 있는 운동.

1 이 글의 중심 생각으로 가장 알맞은 것을 찾으세요. | 주제 |

① 올바른 식습관.

② 비만의 원인은 무엇인가?

③ 하루에 한 시간씩 운동하자.

④ 소아 비만을 예방하자.

⑤ 컴퓨터 게임과 텔레비전 시청을 줄이자.

2 다음은 이 글을 정리한 표입니다. 빈칸에 알맞은 낱말을 쓰세요. | 내용 파악 |

서론	[가]	요즘 비만 어린이들이 늘고 있다.
본론	[나]	비만과 소아 비만의 의미.
	[다]	비만이 주는 악영향.
	[라]	소아 비만의 원인 ① ☐☐
	[마]	소아 비만의 원인 ② ☐☐
	[바]	소아 비만의 원인 ③ 병
	[사]	소아 비만 예방법 ① 음식 조절
	[아]	소아 비만 예방법 ② ☐☐
결론	[자]	소아 비만을 ☐☐ 하기 위해 평소에 노력해야 한다.

＊악영향: 나쁜 영향.

3 이 글의 내용으로 바른 것을 찾으세요. ㅣ내용 파악ㅣ

① 성인 비만은 소아 비만과 상관없이 생긴다.

② 채소나 과일은 많이 먹어도 살이 찌지 않는다.

③ 비만을 예방하기 위해 하루에 한두 끼만 먹어야 한다.

④ 간식을 먹지 않는 것도 비만 예방에 도움이 된다.

⑤ 소아 비만을 막기 위해 하루에 한 시간 이상 운동을 해야 한다.

4 밑줄 친 낱말의 뜻풀이입니다. 바르지 <u>않은</u> 것을 찾으세요. ㅣ어휘ㅣ

① 축적: 모아서 쌓음.

② 사춘기: 육체적, 정신적으로 성인이 되어 가는 시기.

③ 섭취: 생물체가 영양분을 몸속에 받아들이는 일.

④ 열량: 음식이나 연료가 낼 수 있는 힘의 양.

⑤ 성인병: 어린 나이에 노화가 빠르게 진행하는 병.

5 ㉠에 들어갈 말입니다. 뜻풀이를 보고 빈칸에 알맞은 낱말을 쓰세요. ㅣ어휘ㅣ

비만은 [ ][ ]의 근원

＊온갖 병.

6 ㉡의 방법으로 가장 알맞은 것을 고르세요. ㅣ적용ㅣ

① 은지: 살을 빼기 위해서 한 가지 음식만 계속 먹었어.

② 혜미: 고기를 먹으면 살이 찔까 봐 채소만 먹었어.

③ 희영: 우리는 자라는 나이니까 음식량만 조금 줄이고 간식은 먹지 않는 게 좋겠어.

④ 정수: 저녁에 밥을 먹으면 살이 쪄. 그래서 저녁은 먹지 않기로 했어.

⑤ 규민: 자랄 나이에 찐 살은 모두 키로 간다고 할머니께서 말씀하셨어. 무조건 많이 먹어야 해.

매년 4월 20일은 '장애인의 날'이다. 장애에 대해 이해하고, 장애인의 재활 의지를 높이기 위해 이날을 만들었다. 우리나라에 등록된 장애 인구는 전체의 약 5%(20명 가운데 1명)이며, 이 가운데 질병이나 사고 등 후천적으로 장애인이 된 사람이 훨씬 많다. 즉 누구나 사고로 장애인이 될 수 있다. 하지만 우리 사회는 장애에 대한 이해와 장애인에 대한 배려가 아직 부족하다.

음식점이나 공공장소를 이용할 때 장애인이라는 이유로 출입을 거부당하거나, 대중교통을 이용할 때 탑승에 제약을 받기도 한다. 또, 건물 입구에 계단만 있어 휠체어를 탄 사람들이 건물을 드나들기에 어려움을 겪거나, 남들만큼 일하지 못한다고 폭언이나 폭행을 당하는 일도 더러 있다. 이제는 장애인들이 이런 일을 겪지 않도록 배려해야 한다.

장애인을 배려하려면, 먼저 차별하지 말아야 한다. 사람은 누구나 차별을 받지 않고, 권리와 자유를 누릴 자격이 있다. 직업을 얻거나 학교에 가는 등 사회생활을 할 때에도 차별해서는 안 된다. 이는 장애인들의 꿈과 희망을 빼앗는 일일뿐 아니라, 사회적·경제적 손실이 될 수 있다. 단지 장애가 있다는 이유만으로 하는 차별은, 그 사람들의 재능으로 사회가 발전될 가능성마저 없애는 일이기 때문이다.

또, 장애인에 대한 편견을 버려야 한다. 장애인을 '혼자서는 아무것도 할 수 없는 존재', '불쌍한 사람', '보호를 받아야 하는 약자'라는 선입견으로 바라보면서 그들의 삶과 모습을 판단하는 것은 옳지 않다. 신체장애가 있는 천재 물리학자 스티븐 호킹, 청각 장애가 있었던 베토벤 등 뛰어난 능력을 발휘한 장애인들이 많다. 이 사람들을 보며 우리는 '장애는 단지 몸이 불편한 것일 뿐'이라는 사실을 다시 한번 깨달을 수 있다. 편견이나 선입견으로 장애인을 무조건 동정하지 않았는지 스스로 점검하고, 장애인을 한 사람의 인격체로 존중해야 한다.

* 재활: 장애를 극복하고 생활하는 것.
* 제약: 어떤 조건을 붙여 제한함.
* 폭언: 거칠고 사납게 하는 말.
* 인격체: 인격을 가진 사람.

마지막으로, 장애인을 <u>비하</u>하는 말을 쓰지 말아야 한다. 우리가 자주 사용하는 표현 중에 장애인을 비하하는 의미를 가진 말이 있다. 옛날에는 장애인을 '병신'이라고 나쁘게 불렀다. 요즘도 말귀를 제대로 못 알아듣는 사람에게 '귀머거리'라고 하거나, 시각 장애인에게 '장님', 언어 장애인에게는 '벙어리'라는 표현을 쓰는 사람이 있다. 하지만 이런 말들은 장애인과 그 가족들에게 상처를 준다. '정신병자', '난쟁이' 같은 말도 장애인을 <u>모욕</u>하는 말이다. ㉠ <u>입장을 바꿔 상대방의 처지에서 생각하면</u>, 이런 말들을 듣는 사람들이 얼마나 고통을 받을지 조금이나마 짐작할 수 있다.

우리 사회에는 외모, 성격, 나이, 종교, 피부색 등 서로 다른 모습, 다른 생각을 지닌 사람들이 살아간다. 장애도 이와 다르지 않다. 우리는 장애인에 대한 편견을 버리고 자신과 똑같은 사회의 구성원으로 인식해야 한다. 그런 사회를 만들기 위해서는 차별과 편견, 그들을 비하하는 생각을 버리고, 배려하는 마음을 지녀야 한다. 배려란 다른 사람에 대한 존중을 행동으로 보여 주는 것이다.

1 이 글의 내용으로 올바른 것을 고르세요. | 내용 파악 |

① 우리 사회에서는 장애와 장애인에 대한 이해와 배려가 아주 잘 이루어지고 있다.

② 장애인은 장애를 가졌다는 이유로 일상에서 차별을 받기도 한다.

③ 장애인은 보호를 받아야 하는 사람이므로 무조건 도와주어야 한다.

④ 장애 인구 중 장애를 가지고 태어난 사람이 훨씬 많다.

⑤ 장애인은 아무것도 할 수 없는 불쌍한 사람이다.

2 이 글에서 알 수 있는 내용이 <u>아닌</u> 것을 고르세요. | 내용 파악 |

① '장애인의 날'을 만든 까닭.

② 장애인을 배려하지 않는 우리 사회의 모습.

③ 우리나라 시각 장애인 수.

④ 장애인을 비하하는 말.

⑤ 장애인을 배려하는 방법.

3 '선천적'의 반대말로, '태어난 뒤에 얻게 된 것'의 뜻을 지닌 말을 쓰세요. | 어휘 |

4 다음 중 밑줄 친 낱말의 뜻풀이가 바르지 <u>않은</u> 것을 고르세요. | 어휘 |

① 편견: 공정하지 못하고 한쪽으로 치우친 생각.

② 선입견: 어떤 사실이나 사람에 대해 미리부터 가지고 있는 생각.

③ 동정: 남의 어려운 처지를 알아주고 가엾게 여기는 것.

④ 비하: 남을 낮추어 보거나 하찮게 여기는 것.

⑤ 모욕: 남을 때리고 욕하는 것.

5 장애인을 대하는 태도가 바람직하지 <u>않은</u> 사람은 누구인가요? | 적용 |

① 소란: 선희를 '난쟁이'라고 놀리는 친구에게 그런 표현을 쓰면 안 된다고 알려 주었어.

② 휘성: 지하철에서 지팡이를 짚은 시각장애인 아저씨께 자리를 양보해 드렸어.

③ 문정: 길에서 휠체어를 타고 있는 아저씨가 너무 불쌍해 보여서 돈을 드렸어.

④ 재형: 힘겹게 경사로를 오르는 아저씨께 도와드려도 되는지 여쭙고 휠체어를 밀어 드렸어.

⑤ 인우: 목발을 짚은 태수와 같이 할 수 있는 놀이를 찾아서 함께 놀았어.

6 장애인을 배려하는 사회를 만들기 위한 방법으로 알맞지 <u>않은</u> 것으로 고르세요. | 적용 |

① 계단이 있는 곳에는 경사로를 설치해 휠체어를 타고 이동할 수 있게 한다.

② 장애인은 특별한 사람이니까 항상 특별하게 대한다.

③ 장애인에 대한 인식을 바꿀 수 있도록 학교에서 장애 이해 교육을 한다.

④ 주요 시설에는 점자 안내문, 음성 안내 시설을 설치한다.

⑤ 시각 장애인이 길을 잘 걸을 수 있도록 인도에 점자 블록을 설치한다.

7 엄지손가락만 따로 넣고, 나머지 네 손가락은 함께 끼우는 장갑입니다. '벙어리장갑'이라고 불리나, 이는 장애인을 비하하는 말이므로 다른 말로 바꾸어 표현하자고 하는 사람들도 있습니다. 이 표현은 무엇일까요? | 추론 |

① 눈사람장갑　　　　　　　② 엄지손장갑

③ 물고기장갑　　　　　　　④ 손모아장갑

⑤ 효자손장갑

8 밑줄 친 ㉠과 같은 뜻을 지닌 한자어를 고르세요. | 배경지식 |

① 이심전심(以心傳心)　　　② 일거양득(一擧兩得)

③ 우유부단(優柔不斷)　　　④ 역지사지(易地思之)

⑤ 인과응보(因果應報)

9 다음 글에서 설명하고 있는 법은 무엇인가요? | 배경지식 |

> 　장애를 이유로 한 차별을 금지하는 법이다. 정당한 이유 없이 장애인을 거부하거나 각종 편의 시설에서 장애인에게 서비스 제공을 거부하는 행위, 광고 내용이 장애인에 대한 불리한 대우를 밝히는 행위 등이 포함된다. 장애를 이유로 차별을 받은 장애인은 국가 인권 위원회에 내용을 알리면 구제를 받을 수 있다.
>
> * 구제: 자연적인 재해나 사회적인 피해를 받아 어려운 처지에 있는 사람을 도와줌.

① 장애인 복지법

② 국가 인권 위원회법

③ 아동 복지법

④ 양성평등 기본법

⑤ 장애인 차별 금지법

　우리는 자신을 소중하고 자랑스럽게 생각하다가도 어떤 때에는 쓸모없고 부족한 사람으로 여기기도 한다. 그럴 때에는 자신감이 떨어지고 기분이 우울해진다. 하지만 자신을 소중히 여길 때에는 자신감이 생긴다.

　자신을 소중하고 가치 있는 존재로 여기는 마음을 '자긍심'이라고 한다. 자긍심을 가지면 자신을 사랑하고 존중하게 된다. 그래서 다른 사람들도 나와 똑같이 소중한 사람으로 존중할 수 있다. 또 자신에 대한 믿음이 생겨 학습이나 과제, 일 등을 자신감 있게 할 수 있다.

　자긍심의 반대는 자기 비하다. 자기 비하는 자신을 하찮게 생각하고, 부정적으로 평가하는 마음이다. 자신을 어떻게 생각하느냐에 따라 삶의 태도가 달라진다. 삶을 건강하게 이끌어 나가려면 긍정적인 자세가 필요하다.

　자긍심을 가지려면, 먼저 자신을 잘 알아야 한다. 자신의 성격, 흥미, 장점, 단점, 소질, 가치관 등을 써 보며 자신을 객관적으로 살펴본다. 그러면 자신을 더 잘 알게 되어 재능과 장점을 개발할 수 있다. 또 자신의 단점을 파악하면 잘못된 점을 고치고, 나쁜 습관을 버릴 수 있다.

　다음으로, 남과 비교하지 말아야 한다. 자신과 남을 비교하면, 남보다 못하다고 느껴질 때에는 자기 비하를 하게 되고, 남보다 낫다고 생각할 때에는 ㉠ [   ]을 가질 수 있다. 비교는 경쟁심을 부추겨 자신을 불행하게 만든다. 그래서 비교하면 자신을 있는 그대로 사랑하지 못하게 된다.

　마지막으로, 긍정적인 말을 사용한다. 힘든 일에 부딪혔을 때에 부정적인 말과 생각을 하면 풀이 죽고, 포기하고 싶은 생각마저 든다. 하지만 긍정적인 말을 하면 어려운 일에도 도전할 수 있는 용기와 자신감이 생긴다. '㉡ [   ]'라는 속담처럼 자신이 내뱉은 말이 원인이 되어 좋은 결과를 얻기도 하고, 나쁜 결과를 불러오기도 한다.

　자긍심은 공부를 잘하거나, 예쁘고 잘생겨야만 가질 수 있는 것이 아니다. 자신을 소중히

* 가치관: 옳고 그름, 좋고 나쁨 등을 결정하는 생각이나 기준.
* 객관적: 자신과 관련 없는 사람의 눈으로 바라보는 것. ⓫ 주관적

여기고, 있는 그대로 자신의 모습을 사랑하는 마음에 싹튼다. 또 자신을 자랑스럽게 생각하고, 긍정적으로 받아들이며 믿을 때 생겨난다.

1 이 글의 중심 생각으로 가장 알맞은 것을 고르세요. |주제|

① 자신을 비하하지 말자.

② 자긍심을 갖자.

③ 자신에 대해 잘 알자.

④ 남과 비교하지 말자.

⑤ 긍정적인 말을 하자.

2 ㉠에 들어갈 말로 '자신을 잘났다고 높이고 남을 깔보는 마음'의 뜻을 지닌 낱말을 고르세요. |어휘|

① 자존심   ② 허영심   ③ 자격지심

④ 수치심   ⑤ 자만심

3 다음 말의 뜻을 찾아 쓰세요. |어휘|

(1) | 자긍심 | _____

(2) | 자기 비하 | _____

4 자긍심을 가져야 하는 까닭으로 알맞지 <u>않은</u> 것을 고르세요. | 내용 파악 |

① 자신을 사랑하고 존중하게 된다.

② 남을 존중할 수 있다.

③ 자신을 자랑하며 뽐낼 수 있게 된다.

④ 자신에 대한 믿음이 생긴다.

⑤ 학습이나 과제 등을 자신감 있게 한다.

5 이 글의 내용과 관련이 <u>없는</u> 것을 고르세요. | 내용 파악 |

① 자신을 제대로 알기 위해서는 자신을 객관적으로 살펴봐야 한다.

② 자신을 잘 알면 장점을 개발하고, 단점을 고칠 수 있다.

③ 비교는 자신을 있는 그대로 사랑하지 못하게 한다.

④ 긍정적인 말은 자신에게 용기와 자신감을 생기게 한다.

⑤ 자신만을 믿고 소중히 생각해야 한다.

6 다음 중 자긍심을 지닌 사람은 누구인가요? | 적용 |

① 예리: 이번 시험은 성적이 좋지 않았지만, 열심히 노력하면 다음번에는 성적이 오를 거야.

② 준현: 나보다 공부도 잘하고, 운동도 잘하는 영훈이가 부러워.

③ 서진: 특별히 잘하는 게 없는 나 자신이 창피해.

④ 태민: 나는 성격이 급해서 실수를 많이 해. 그래서 회장이 될 자격이 없어.

⑤ 은선: 나는 음치라고 놀림을 받을까 봐 친구들 앞에서 노래를 부르지 않아.

7 ⓛ에 들어갈 속담으로, '늘 말하던 것이나, 무심코 한 말이 실제로 이루어질 수 있으니 말조심하라' 하는 뜻을 지닌 속담을 고르세요. | 배경지식 |

① 말 한마디에 천 냥 빚도 갚는다   ② 말이 씨가 된다

③ 가는 말이 고와야 오는 말이 곱다   ④ 발 없는 말이 천 리 간다

⑤ 낮말은 새가 듣고 밤말은 쥐가 듣는다

호르몬은 우리 몸에서 만들어져 혈액을 따라 몸속을 돌면서 신체의 균형을 유지하게 하는 물질이다. 날씨가 춥거나 더울 때 체온이 일정하게 유지되는 것, 운동을 하면 심장 박동이 빨라졌다가도 다시 정상으로 돌아오는 것 등이 호르몬의 작용으로 이루어지는 현상이다. 그뿐 아니라, 성장 호르몬은 어린아이를 자라게 하고, 성호르몬은 여성을 여성답게, 남성을 남성답게 해 준다.

생물체의 몸속에서 호르몬과 비슷한 역할을 하는 외부 물질이 있는데, 우리는 이것을 '환경 호르몬'이라고 부른다. 환경 호르몬은 몸에서 자연적으로 만들어진 것이 아니라, 외부에서 들어와 몸속의 질서를 흐트러뜨린다. 주로 화학 제품에서 나온다.

환경 호르몬은 아주 적은 양으로도 사람에게 영향을 크게 끼칠 수 있다. 몸속에서 호르몬의 작용을 방해하거나 호르몬 분비에 이상을 일으켜 어린 여자아이가 성인처럼 가슴이 커지는 성조숙증, 남자아이가 여자처럼 가슴이 나오는 남성의 여성화 증상 등을 일으키기도 한다. 또 아토피, 알레르기와 같은 질병부터, 심하면 성장 장애, 기형, 암 등을 일으키기도 한다.

사람뿐 아니라 자연에서도 환경 호르몬에 의한 문제가 일어나고 있다. 암수가 한 몸이 되거나, 짝짓기를 하지 않는 동물이 발견되고 있다. 이런 문제가 계속되면 앞으로 많은 생물이 멸종 위기에 처할 수도 있다.

환경 호르몬의 종류는 매우 다양하다. 음료 깡통의 안쪽을 코팅하는 데 사용하는 비스페놀A, 농약과 살충제로 쓰이던 DDT, 합성 세제의 원료인 노닐페놀, 쓰레기를 태우는 소각장에서 많이 발생하는 다이옥신 등이 대표적이다.

* 분비: 몸속의 일부 기관과 세포에서 생리 작용을 일으키는 물질을 내보내는 일.
* 성조숙증: 9세 이전에 성적 발달이 일어나는 증상.
* 아토피: 가려움증과 여러 염증을 일으키는 질병.
* 알레르기: 어떤 물질을 먹거나 접촉하면 생기는 과민한(지나치게 예민한) 반응.
* 코팅: 물체의 겉면을 얇은 막으로 입히는 일.
* 소각장: 쓰레기 따위를 불에 태워 버리는 장소.

이 환경 호르몬들은 호흡, 피부 접촉, 음식물 섭취 등을 통해 몸에 들어온다. 여러 플라스틱 제품, 비닐 봉투, 매연, 페인트, 깡통, 살충제, 방향제, 영수증 등에서 나온다. 이러한 것을 만들 때 여러 화학 물질이 쓰이기 때문이다.

일상생활에서 환경 호르몬의 피해를 줄이려면, 음식을 담는 용기를 잘 살펴야 한다. 플라스틱 그릇에 뜨겁고 기름기 있는 음식을 담으면 플라스틱 그릇에서 환경 호르몬 물질이 나올 수 있다. 따라서 가능하면 음식을 담을 때에는 플라스틱 그릇을 피하는 것이 좋다. 플라스틱 그릇에 담겨 있던 음식을 먹는다면, 플라스틱 그릇째로 전자레인지에 데우지 말고, 냄비 등에 담아 가스 불로 데워 먹는 것이 좋다. 또 일회용 용기에 들어 있는 라면, 깡통이나 플라스틱에 담긴 음료수나 음식에도 환경 호르몬이 녹아 있을 가능성이 있으므로 주의해야 한다.

살충제 대신 모기장을 사용하고, 주변을 깨끗이 하는 것도 환경 호르몬의 피해를 줄이는 좋은 방법이다. 살충제를 뿌리면 그 속에 들어 있던 독성 물질이 여러 경로로 우리 몸에 들어올 수 있기 때문이다.

우리가 버린 과자 봉지, 비닐 봉투, 플라스틱 제품 등을 태울 때 여러 독성 물질이 발생한다. 그렇다고 땅속에 묻으면 썩는 데에 수백 년이 걸려 땅이 오염된다. 그러므로 플라스틱 사용을 삼가고, 사용했을 때에는 분리 배출을 통해 재활용해야 한다.

환경 호르몬은 피부를 통해서도 흡수되므로 손을 자주 깨끗이 씻는 것이 좋다. 크레용이나 지우개, 필통, 플라스틱 장난감 등에도 화학 물질이 들어 있다. 따라서 이러한 것을 사용한 후에는 반드시 손을 씻어야 한다. 또 옷을 세탁하거나 몸을 씻을 때에는 세탁 세제, 목욕 세제도 신중히 사용해야 한다.

땀을 내어 운동을 하는 것도 좋다. 우리 생활에 넓게 퍼져 있는 환경 호르몬을 막을 수 없다면, 땀을 내어 몸 밖으로 내보내는 것도 도움이 된다.

요즘 오존층 파괴, 지구 온난화와 함께, 세계 3대 환경 문제로 환경 호르몬 문제가 떠오르고 있다. 환경 호르몬으로 인한 피해를 줄이기 위해서는 ㉠ 국가의 대책과 규제, 관리와 함께 우리 스스로 피해를 줄이려는 노력이 필요하다.

* 매연: 연료가 탈 때 나오는 연기.
* 삼가고: 조심하여 피하거나 하지 않고.
* 오존층: 오존을 많이 포함하고 있는 대기층. 인체나 생물에 해로운 태양의 자외선을 잘 흡수한다.

1 이 글의 중심 글감을 찾아 쓰세요. | 핵심어 |

_____

2 글쓴이가 주장하는 내용은 무엇인가요? | 주제 |

① 환경을 보호하자.

② 전자레인지를 사용하지 말자.

③ 환경 호르몬의 피해를 줄이기 위해 노력하자.

④ 운동을 열심히 하자.

⑤ 쓰레기를 버리지 말자.

3 이 글에서 알 수 <u>없는</u> 내용을 고르세요. | 내용 파악 |

① 호르몬의 뜻.

② 환경 호르몬으로 인한 피해의 예.

③ 환경 호르몬으로 인한 피해 예방법.

④ 환경 호르몬의 종류.

⑤ 환경 호르몬을 줄이기 위한 국가적 대책의 예.

4 빈칸을 채워 환경 호르몬의 뜻을 정리하세요. | 내용 파악 |

> 환경 호르몬은 ☐☐☐ 의 몸속에서 호르몬과 비슷한 역할을 하는 외부
>
> 물질로, 주로 ☐☐ 제품에서 나온다.

5 다음 중 환경 호르몬이 가장 적게 나오는 제품을 고르세요. | 내용 파악 |

① 농약   ② 살충제

③ 비닐봉지   ④ 유리 접시

⑤ 플라스틱 장난감

6 이 글과 같은 내용을 고르세요. | 내용 파악 |

① 호르몬은 우리 몸 밖에서 만들어진다.

② 환경 호르몬은 우리 몸 안에서 자연스럽게 만들어진다.

③ 환경 호르몬은 음식을 통해서만 우리 몸에 들어온다.

④ 캔이나 비닐 봉투, 플라스틱, 살충제, 영수증 등에서 환경 호르몬이 나온다.

⑤ 운동은 환경 호르몬의 피해를 줄이는 데에 도움이 되지 않는다.

7 환경 호르몬의 종류가 <u>아닌</u> 것을 고르세요. | 내용 파악 |

① 음료 깡통의 안쪽을 코팅하는 데에 쓰이는 비스페놀A.

② 농약과 살충제로 쓰는 DDT.

③ 합성 세제의 원료인 노닐페놀.

④ 쓰레기 소각 시 발생하는 다이옥신.

⑤ 물병을 만드는 데 쓰이는 스테인리스 스틸.

8 다음 중 환경 호르몬의 피해를 줄이기 위한 행동을 하지 <u>않은</u> 사람을 찾으세요. | 적용 |

① 재형: 살충제는 뿌리지 않고, 모기장을 치고 잤어.

② 시은: 플라스틱으로 만든 장난감을 가지고 논 뒤에 손을 씻었어.

③ 유민: 종이컵 사용을 줄이려고 금속으로 만든 컵을 가지고 다녀.

④ 문경: 음식을 플라스틱 접시에 옮겨 담은 뒤 랩으로 덮어 전자레인지로 데웠어.

⑤ 주현: 일주일에 세 번, 땀이 날 때까지 달리기를 하고 있어.

9 ㉠의 내용으로 적당하지 <u>않은</u> 것을 고르세요. **| 적용 |**

① 환경 호르몬 물질 사용에 대한 국제 협약과 정책을 세운다.

② 환경 호르몬 물질을 아예 만들지 못하게 단속한다.

③ 환경 호르몬에 대한 대처법을 마련하고 홍보한다.

④ 환경 호르몬 물질을 규정하고 제품 생산에 사용 규제를 강화한다.

⑤ 환경 호르몬이 나오지 않는 물질을 연구, 생산하는 기업을 지원하는 정책을 세운다.

10 이 글의 내용을 정리한 표입니다. 빈칸에 알맞은 낱말을 쓰세요. **| 요약 |**

환경 호르몬이 끼치는 영향	– ☐☐☐ 의 작용을 방해한다. – ☐☐☐ , 알레르기 등을 발생시킨다. – 심하면 ☐☐ 장애, 기형, 암 등을 일으킨다.
피해를 줄이는 방법	– 음식을 담는 ☐☐ 를 잘 살핀다. – 살충제 대신 ☐☐☐ 을 사용한다. – ☐☐☐☐ 사용을 삼가고, 사용했을 때에는 재활용한다. – ☐ 을 자주 씻는 습관을 들인다. – 땀을 내어 ☐☐ 을 한다.

[가]

초등학생이 되면 용돈을 받는 친구들이 생긴다. 학년이 올라갈수록 용돈의 액수도 늘어난다. 하지만 용돈을 마구 쓰면 정작 돈이 필요할 때에는 쓰지 못할 수 있다. 용돈은 정해져 있기 때문에 가지고 싶은 것을 모두 살 수는 없다. 따라서 합리적으로 소비해야 한다. 합리적인 소비란, 자신에게 필요한 것을 계획에 따라 구매하는 일을 말한다.

[나]

합리적인 소비를 하려면 우선 예산을 잘 세워야 한다. 예산이란 수입과 지출을 미리 계산하는 일이다. 예산을 세울 때에는 수입이 얼마인지 파악한 다음, 필요한 것을 살 돈과 예상치 못한 일에 쓸 돈을 생각해야 한다. 자신에게 얼마가 있고 얼마를 쓸 수 있는지 알아야 원하는 곳에 돈을 쓸 수 있다.

[다]

어떤 물건을 사려고 할 때에는, 그 물건에 대한 정보를 잘 알아보아야 한다. 내가 사려는 목적에 알맞은 제품인지, 제품의 질이 좋은지, 질에 비해 가격이 적당한지 살펴보아야 한다. 친구들이나 인터넷 등을 통해 어떤 회사의 어떤 제품이 좋은지 알아보는 것도 필요하다.

[라]

사야 할 것이 많을 때에는 살 것의 순위를 정해 순위가 높은 것부터 사야 한다. 여기에서 생각할 것이 '기회비용'이다. 기회비용이란, 두 물건 가운데 하나를 선택했을 때, 포기한 것에서 얻을 수 있었던 이득을 말한다. 예를 들어, 치킨을 먹는 것의 만족감이 100이고, 같은 값으로 짜장면을 먹는 것이 10이라고 하자. 이때 치킨을 먹으면 100의 만족감을 얻는 대신 짜장면을 먹지 못해 10만큼 후회한다. 반대로, 짜장면을 먹으면 10의 만족감을 얻지만, 치킨을 먹지 못해 100만큼 후회한다. 이 예를 보면, 치킨을 먹는 것이 후회를 덜 하는 것, 즉 합리적인 소비를 하는 것이다. 따라서 선택을 할 때에는, 순위를 정해 가장 원하는 것을 먼저 사는 것이 좋다.

[마]

　살 물건을 메모해서 사는 것이 좋다. 메모를 하면, 사려고 했던 것을 잊어버리지 않고, 불필요할 것을 사지 않을 수 있다. 반대로, 사려고 하는 것을 정확히 적어 놓지 않으면, 그 물건을 살 돈으로 엉뚱한 물건을 살 수도 있다. 또 '물건이 예뻐서, 가격이 저렴해서, 언젠가는 필요해 보여서, 갑자기 사고 싶어져서' 등의 이유로 충동적으로 물건을 사게 되어, 원래 사려고 했던 것을 사지 못할 수 있다.

[바]

　과시 구매와 모방 구매는 무척 나쁜 습관이다. 남에게 잘 보이기 위해, 남들이 많이 하고 있어서 따라 하려고 물건을 사는 행동은 후회를 부른다. 특히 예쁘고 멋진 연예인을 보고 따라 하는 것은 현명하지 못하다. 남의 눈을 의식하기보다는, 자신에게 필요하고, 자신이 만족할 수 있는 제품을 사야 한다.

[사]

　하루 일을 기억하는 일기처럼, 하루에 쓴 돈을 기록하는 것도 좋다. 내가 언제, 어떤 물건을, 얼마에 샀는지 용돈 기록장에 적으면, 합리적인 소비를 했는지 확인하고 반성할 수 있다. 또 앞으로 사용할 수 있는 금액과 왜 용돈이 이 정도밖에 남지 않았는지도 쉽게 확인할 수 있다.

[아]

　㉠ [　　　　　　　　　　] . ㉡ 어린 시절부터 이런 습관을 들인다면 어른이 되어서도 합리적으로 소비하여, 돈을 함부로 쓰지 않을 것이다. 합리적인 소비 생활 습관은 미래 경제생활을 결정지을 수 있을 만큼 중요하다.

* 과시: 남에게 자랑하여 보임.
* 모방: 남을 따라 하는 것.

---

1 빈칸을 채워 이 글의 주제를 완성하세요. | 주제 |

|　|　|　| 으로 소비하자.

2 ⓛ을 보고, ⓐ에 들어갈 속담을 고르세요. | 어휘 |

① 천 리 길도 한 걸음부터

② 발 없는 말이 천 리 간다

③ 세 살 적 버릇이 여든까지 간다

④ 걷기도 전에 뛰려고 한다

⑤ 돌다리도 두들겨 보고 건너라

3 '합리적인 소비'란 무엇인가요? 이 글에서 찾아 쓰세요. | 내용 파악 |

4 다음 중 이 글과 가장 거리가 먼 것을 고르세요. | 내용 파악 |

① 글쓴이가 독자를 설득하는 글이다.

② [가]에서 주장을 말하고, [나] ~ [사]에 방법을 제시하였다.

③ 어려운 개념은 예를 들어 설명하였다.

④ 주장에 따른 실천 방법을 구체적으로 나타내었다.

⑤ 주장의 반대 의견을 비판하고 있다.

5 합리적인 소비를 해야 하는 이유로 바르지 않은 것을 고르세요. | 추론 |

① 우리가 받는 용돈은 한정되어 있기 때문이다.

② 충동적으로 돈을 쓰면 정작 필요한 곳에 쓸 돈이 없기 때문이다.

③ 가끔 예상치 못한 곳에 돈을 써야 할 때가 있기 때문이다.

④ 직접 돈을 벌면 마음껏 써도 되지만 아직은 용돈을 받기 때문이다.

⑤ 필요하지 않은 물건을 사게 되어 돈을 낭비하기 때문이다.

6 다음 글은 [가] ~ [아] 가운데 무엇과 가장 관계있나요? |적용|

> 현진이는 가위, 풀, 스케치북을 사려고 어머니께 용돈을 받았다. 하지만 문구점에 도착해서는 기억이 나지 않아 가위와 풀만 사서 나왔다.

_____

7 영희는 필통을 사려고 문구점에 갔습니다. 합리적인 소비와 가장 거리가 먼 것은 무엇일까요?
|적용|

① 친구들한테 추천을 받았다.
② 사고 싶은 필통의 가격을 인터넷에서 검색해 보았다.
③ 어떤 필통을 갖고 다녀야 질리지 않고 오래 사용할지 생각해 보았다.
④ 유명 연예인이 광고하는 제품을 샀다.
⑤ 두 제품을 놓고 고민하다가 만족도가 높은 것을 구매했다.

8 다음 중 무엇을 사는 것이 가장 합리적일까요? |적용|

> 우진이는 준비물을 사러 문구점으로 나섰다. 지우개를 잃어버려 지우개도 하나 사 올 생각이었다. 문구점에서 준비물을 사고 지우개를 찾아보았다. 수현이가 쓰는 1000원짜리 작은 곰돌이 지우개가 보였다. 그 옆의 500원짜리 크고 하얀 지우개는 잃어버린 지우개와 같은 것으로, 무척 잘 지우는 것이었다. 그 옆에는 잘 지우지는 못할 것 같지만 알록달록 화려한 2000원짜리 지우개가 있었다. 그 아래에는 멋진 팽이가 놓여 있었고, 벽에는 잠자리채가 걸려 있었다.

① 작은 곰돌이 지우개   ② 크고 하얀 지우개   ③ 화려한 지우개
④ 팽이   ⑤ 잠자리채

다음은 테레사 수녀의 삶에 대한 글이다.

[가]에는 테레사 수녀의 삶을 짧게 간추렸고, [나], [다], [라]에는 생애 중 중요 부분을 담았다.

[가]

마더 테레사는 평생 가난하고 병든 사람들을 위해 산 수녀다. 1910년 마케도니아에서 태어나, 18살 때 수녀가 되기 위해 아일랜드에 있는 수녀원에 가서 교육을 받았다. 이듬해에는 수녀로서 본격적인 수련을 받기 위해 인도로 떠났다. 2년여의 엄격한 수련 기간을 마치고 정식 수녀가 된 뒤 '테레사'로 세례명을 정했다.

1950년, 테레사는 그녀를 돕던 제자들과 함께 '사랑의 선교회'라는 수녀회 단체를 설립했다. 이 선교회의 총장을 '마더(어머니)'라고 했기 때문에 '마더 테레사'라고 불리게 되었다. 사랑의 선교회에서는 주로 가난하고 병든 사람들을 도왔다. 사랑의 선교회 활동이 널리 알려지자 테레사를 돕겠다는 사람들이 늘어났으며, 세계 곳곳에 사랑의 선교 수녀회가 세워졌다. 이러한 사회봉사 활동을 인정받아 테레사는 1979년 노벨 평화상을 받았다.

평생 가난한 사람들을 돌보며 살아온 테레사는 87세에 죽음을 맞았다. 많은 사람이 테레사의 죽음을 슬퍼한 가운데 장례식은 인도 국장으로 치러졌다.

[나]

테레사는 가난한 자들을 돕기 위해 서른여섯 살에 수녀원을 나왔다. ㉠ 신분이 낮은 인도 여인들이 입는 옷을 입고 거리로 나가 무료 진료소와 학교를 세우고 봉사를 시작했다. 또 몇 년 뒤에는 가난하고 아픈 사람들을 돕기 위해 '사랑의 선교회'를 만들었다.

어느 날, 테레사는 하수구에서 한 사람을 구했다. 그 사람 몸에는 벌레가 우글거렸다. 테

---

* 수련: 수도회(수녀들이 함께 살며 기도하고 봉사하는 단체)에서 수녀가 되기 위해 받는 훈련.

* 세례명: 세례(모든 죄를 씻는다는 의미로 하는 의식)를 받는 사람에게 붙여 주는 이름.

* 선교회: 선교(종교를 널리 알리는 것) 목적으로 한 모임.

* 총장: 어떤 단체에서 일을 책임지고 관리하는 사람.

레사와 수녀들은 벌레를 털어 내고 몸을 깨끗이 씻긴 뒤 침대에 눕혀 주었다.

"수녀님, 저는 평생 짐승처럼 거리에서 살았습니다. 그런데 지금은 천사처럼 행복하게 죽게 되었습니다. 감사합니다."

마지막 숨을 모아 힘겹게 말을 했다. 테레사와 수녀들은 죽어가는 그 사람을 위해 기도했다. 얼마 후 그는 평안히 숨을 거두었다.

당시 인도의 빈민가에는 쓰레기가 쌓여 있고 쥐와 구더기가 들끓었다. 병에 걸려 죽어가는 사람, 굶어 죽는 사람, 온갖 세균에 감염되어 산 채로 썩어가는 사람 등 거리에는 비참하게 죽어가는 사람이 많았다. 테레사는 사람들을 길거리에서 외롭게 죽게 할 수는 없었다. 인간으로서 품위를 지키며 편안히 죽음을 맞을 수 있도록 돕고 싶었다. 그래서 죽어가는 이들의 임종을 지키기 위해 '죽음을 기다리는 집'을 세웠다. 그리고 수녀들과 함께 빈민가로 나가 죽어가는 병자들을 데려와 깨끗이 씻기고 따뜻한 음식을 먹이며 보살폈다. 병들고 힘없는 빈민들은 '죽음을 기다리는 집'에서 인간다운 대접을 받았고, 행복한 미소를 띤 채 죽음을 맞았다.

[다]

사랑의 선교회는 가난하고 고통받는 사람들의 삶 속으로 깊이 뿌리를 뻗어 나갔다.

인도의 빈민가에는 버려지거나 굶어 죽는 아이들이 많았다. 테레사는 아이들을 위해 '때 묻지 않은 아이들의 집'을 마련했다. 그리고 기회가 있을 때마다 거리로 나가 아기들을 버리지 말고 사랑의 선교회로 보내 달라고 호소했다. 하지만 많은 아기가 여전히 쓰레기 더미 등에서 발견되었다. 수녀들은 병균에 감염되어 죽어가는 아이들을 깨끗이 씻겨 포근한 담요에 싸서 품에 안았다. 그렇게 살아 있는 몇 시간이라도 아기들에게 진정한 사랑과 평온함을 느끼게 해 주었다.

당시 인도의 정치인 간디는, 아이 없는 부유한 가정에서 부모 없는 아이를 맡아 키울 수 있게 하는 법을 통과시켰다. 때 묻지 않은 어린이의 집에서는 아이들을 가르치고 따뜻하게 보살폈다. 또 부모 없는 아이와 아이 없는 가정을 연결해 주기도 했다. 그래서 부모가 없는

* 평안히: 걱정이나 탈이 없이.
* 빈민가: 가난한 사람들이 모여 사는 거리.
* 구더기: 파리의 애벌레.
* 품위: 남의 존경과 인정을 받을 수 있는 태도나 분위기.
* 부유한: 돈과 살림이 넉넉한.

아이들은 ⓛ 이 법과 테레사 수녀의 도움으로 경제적으로 풍요로운 가정에서 굶주리지 않고 교육을 받을 수 있었다.

[라]

어느 여름밤, 사랑의 선교회 본부인 '마더 하우스'에 낯선 사람이 찾아왔다.

"수녀님께서 병든 사람을 받아 준다고 하는데, 우리 같은 나병 환자도 도와주실 수 있는지 궁금해서 찾아왔습니다."

나병은 나균 때문에 생기는 전염병으로, 이 병에 걸리면 얼굴과 손발 등 피부가 심하게 썩어간다. 당시 사람들은 나환자들이 지나가면 돌을 던지거나 욕을 퍼부었다. 가난한 나환자들은 멸시와 천대를 받으며 치료도 받지 못한 채 홀로 죽어갔다. 하지만 테레사는 환자들의 상처에 약을 발라 주며, 따뜻한 음식과 잠자리를 제공했다.

테레사는 나환자들이 사는 마을에 찾아갔다. 나환자들은 습기 가득한 땅 위에 거적으로 천막만 대충 쳐 놓고는 죽을 날을 기다리고 있었다. 그 모습을 보고 테레사는 충격을 크게 받았다.

그 뒤, 테레사는 나환자들을 돕기 위해 나섰다. 나환자도 초기에 치료를 받으면 완치될 수 있다는 사실을 알렸다. 그리고 뜻을 같이한 의사의 도움으로 이동 진료소를 열었다. 이들이 치료를 받으며 인간답게 생활을 꾸려 갈 수 있도록 사람들에게 후원과 도움도 요청했다. 다행히 한 지역에서 땅을 기증하여 나환자들이 살아갈 수 있는 터를 마련했다. 때마침 인도를 방문한 교황 바오로 6세는 자신이 타고 온 자동차를 기증했다. 테레사는 그 자동차를 팔고 정부의 보조금을 보태서 나병 환자 재활촌인 '평화의 마을'을 세웠다. 이곳에서 나환자들은 치료도 받고 일도 하며 가족과 함께 살 수 있게 되었다.

'평화의 마을'을 통해 테레사는 나환자들의 인권을 지켜 냈고, 그들에게 빼앗긴 삶을 되찾아 주었다.

* 풍요로운: (재산 등이) 많아서 넉넉한.
* 나환자: 나병을 앓는 사람.
* 멸시: 업신여기고 깔보는 것.
* 천대: 업신여겨 천하게 대하는 것.
* 거적: 짚으로 두툼하게 엮어 짠 넓은 자리나 덮개.
* 기증: 돈이나 물품을 남에게 그냥 주는 것.

1 다음 중 밑줄 친 낱말의 뜻이 바르지 <u>않은</u> 것을 고르세요. | 어휘 |

① 국장: 가톨릭교에서 큰일을 한 사람이 죽었을 때, 종교인들이 치르는 장례.

② 임종: 죽음을 맞이함.

③ 교황: 가톨릭교에서 가장 높은 지위에 있는 사람.

④ 보조금: 어떤 단체나 개인의 일을 돕기 위해 정부나 공공단체가 주는 돈.

⑤ 재활촌: 장애를 극복하고 다시 활동할 수 있도록 시설 따위를 만들어 놓은 지역.

2 테레사 수녀에 대한 설명으로 <u>잘못된</u> 것을 고르세요. | 내용 파악 |

① 마케도니아에서 태어났다. ② 노벨 평화상을 받았다.

③ 사랑의 선교회 총장을 지냈다. ④ 가난한 사람들을 위해 일한 수녀다.

⑤ 아일랜드의 빈민가에서 봉사활동을 했다.

3 ⓒ은 어떤 법인가요? | 내용 파악 |

① 병에 걸린 어린이를 무료로 돌보아 주는 법.

② 국가가 사랑의 선교회를 지원하는 법.

③ 아이 없는 부유한 사람이 부모 없는 아이를 키울 수 있게 하는 법.

④ 부모가 없는 아이들에게 돈, 음식, 교육을 지원하는 법.

⑤ 아이들을 거리에 버리면 처벌하는 법.

4 아래에서 설명하는 단체 이름을 [가]에서 찾아 쓰세요. | 내용 파악 |

> 죽어가는 사람, 버려진 아이들, 나환자 등 가족과 사회에서 소외된 사람들을 보호하고 치료해 주는 단체다. 우리나라에는 1981년 5월 테레사 수녀가 방문하면서 세워졌다. 현재 120여 나라에서 봉사 활동을 하고 있다.

5 다음 단체와 관련된 활동을 찾아 줄로 이으세요. | 내용 파악 |

(1) 평화의 마을 •

(2) 죽음을 기다리는 집 •

(3) 때 묻지 않은 아이들의 집 •

• 버려진 아이들을 보살피고, 풍요로운 가정에 입양될 수 있도록 도왔다.

• 나병 환자들이 치료를 받고 가족과 함께 살 수 있도록 도왔다.

• 거리에서 죽어가는 빈민들을 보호하고 간호했다.

6 이 글에서 알 수 있는 테레사 수녀의 성격과 거리가 먼 것을 고르세요? | 추론 |

① 용감하고 당당하다.

② 혼자 있는 것을 즐긴다.

③ 따뜻하고 배려심이 많다.

④ 인정이 많고 마음이 넓다.

⑤ 적극적이고 추진력이 강하다.

7 아래에서 설명하는 사람을 앞 글에서 찾아 쓰세요. | 배경지식 |

인도의 독립운동을 이끈 지도자로, 1869년 인도에서 태어났다. 영국에서 법을 공부하고 변호사가 되어 인도로 돌아왔다. 당시 식민지였던 인도가 영국으로부터 독립할 수 있도록 노력하며 몇 번이나 감옥에 갇혔다. 폭력을 사용하지 않고 평화적인 방법으로 인도의 독립을 이끌었다. 전 세계 사람들은 이 사람을 '위대한 영혼'이라고 부르며 존경하고 있다.

8 노벨 평화상은 평화를 위해 훌륭한 업적을 쌓은 사람에게 주는 상입니다. 우리나라의 과거 대통령 가운데 노벨 평화상을 받은 사람은 누구인가요? | 배경지식 |

① 박정희　　　　　　　② 전두환　　　　　　　③ 김영삼
④ 김대중　　　　　　　⑤ 노무현

9 빈칸에 들어갈 '아무리 어려운 상황에 처하더라도 살아날 방도가 생긴다'라는 뜻을 지닌 속담을 고르세요. | 배경지식 |

> 테레사 수녀가 빈민가에서 가난한 사람을 돕다 힘들어할 때, 그녀를 도와줄 제자가 찾아왔다. 나는 이 부분에서 '＿＿＿＿＿＿＿＿＿'(이)라는 속담이 떠올랐다.

① 가재는 게 편
② 아니 땐 굴뚝에 연기 날까?
③ 간에 가 붙고 쓸개에 가 붙는다
④ 하늘이 무너져도 솟아날 구멍이 있다
⑤ 열 길 물속은 알아도 한 길 사람 속은 모른다

10 ㉠처럼 인도에는 신분 제도가 있습니다. 다음 설명에 알맞은 것을 고르세요. | 배경지식 |

> 인도의 신분 제도로 네 계급으로 나누어졌다. 가장 높은 '브라만'은 종교의 일을 하고, 그다음 '크샤트리아'는 정치나 군사에 관한 일을 맡는다. 그 아래 신분으로, 농사를 짓거나 장사를 하는 일반 시민은 '바이샤', 노예는 '수드라'라고 한다. 신분은 태어나면서부터 정해지며, 서로 신분이 다른 사람끼리는 결혼하면 안 되었다. 오늘날 이 제도는 법적으로 폐지되었다.

① 골품 제도　　　　　② 카스트 제도　　　　　③ 화랑 제도
④ 군국 제도　　　　　⑤ 디포짓 제도

22회

틀린 문제 유형에 표시하세요.

어휘　　내용 파악　　추론　　적용　　배경지식

다음은 유일한의 일생을 적은 글이다.

[가]에는 유일한의 삶을 요약해 담았고, [나], [다], [라], [마]에는 주요 부분을 실었다.

[가]

유일한은 1895년 평양에서 태어났다. 아홉 살 때 미국으로 유학을 떠났으며, 고등학교를 졸업한 뒤에는 변전소에서 일했다. 대학교 졸업 후에는 대기업에 취업했지만 1년 뒤 퇴사하고 자신의 사업을 시작했다. 그즈음 대학 동창이자 소아과 의사인 '호미리'라는 여성과 결혼했다.

유일한은 1926년에 미국 회사를 정리하고 한국으로 돌아와 유한양행을 설립했으며, 회사 수익의 일부를 우리나라의 독립을 위해 내놓았다. 광복 이후 상공회의소 회장이 되자, 사장 자리에서 물러나 회사를 친구에게 맡겼다.

노년에는 재산을 교육에 투자하고, 사회에 환원하였다. 유일한은 1971년, 76세로 삶을 마감했다.

[나]

유일한이 태어나서 자라는 동안 우리나라는 매우 혼란한 상황을 겪었다. 중국과 일본, 러시아와 일본이 연달아 우리나라에서 전쟁을 치르면서 백성들이 피해를 보았다.

아버지 유기연은 유일한이 외국에 나가 지식을 넓히는 것이 좋겠다고 생각했다. 마침 미국 선교사가 미국으로 유학을 보낼 아이들을 찾는다는 이야기를 들었다. 유일한은 9살밖에 안 되었지만 아버지의 뜻에 따라 미국에 가게 되었다.

당시에 관리였던 박장현과 그 조카 박용만의 도움으로 유일한은 미국에 잘 도착했다. 유

* 동창: 같은 학교에서 공부한 사이.
* 상공회의소: 상공업자(물건을 팔거나 만드는 사람)들이 상공업의 발전을 위해 세운 단체.
* 해임: 어떤 지위나 맡은 임무를 그만두게 함.
* 환원: 원래 상태로 돌아감. 여기서는 '자신의 재산을 내어놓음'의 뜻으로 쓰였다.
* 선교사: 다른 나라에 가서 기독교를 널리 전하는 사람.

일한은 미국인 미혼 자매와 함께 지내게 되었다. 자매는 유일한에게 영어를 가르치고 보살펴 주었다. 유일한도 집안일, 청소 등을 도우며 미국 생활에 적응해 갔다. 영어도 열심히 익혀, 이듬해에는 초등학교에 들어갔다.

몇 해가 지나 1909년, 박용만이 미국에 한인 소년병 학교를 열었다. 소년병 학교는 우리나라의 독립을 위해, 미국에 있는 우리나라 소년들을 모아 군사 훈련을 시키던 곳이었다. 유일한은 이 소식을 자매에게 말하고는 보내 달라고 말했다. 자매는 흔쾌히 허락하며 학교에 보내 주었다. 유일한은 그곳에서 민족의식과 자주독립 사상을 배웠다.

[다]

유일한은 다니던 회사를 그만두고 '라초이'라는 숙주나물 통조림 공장을 세웠다. 1925년에는 ㉠ 녹두를 수입하기 위해 중국으로 출장을 떠났다.

중국에서 녹두를 계약한 뒤, 가족을 만나러 한국으로 향했다. 배와 열차를 타고 먼 길을 달려갔다. 그 과정에서 병에 걸려 신음하는 한국인들을 보았다. 유일한은 국민들을 건강하게 할 수 있는 방법이 없을지 생각에 빠졌다.

미국에 돌아온 유일한은 호미리와 결혼했다. 그 뒤로 얼마 지나지 않아 한국에서 연락이 왔다. 유일한을 위한 교수 자리와 부인이 일할 의사 자리를 만들어 놓았다는 소식이었다. 연락을 받고는 한국으로 돌아가겠다고 결심했다.

먼저 자신의 사업을 정리해 돈을 챙겼다. 그러고는 주변 사람들을 만나 인사를 나누었다. 그 가운데 서재필이 있었다. 서재필은 유일한에게 인사를 건네며 나무판을 선물로 주었다. 그 나무판에는 아름드리 버드나무가 새겨져 있었다.

1926년 3월, 유일한은 한국으로 돌아왔다. 그리고 회사를 차리기 위해 준비했다. 자신의 이름을 따 유한양행이라는 회사를 설립하고, ㉡ 서재필이 준 목각판 속 그림을 회사의 상징으로 삼았다. 회사 수익의 일부는 한국의 독립을 위한 자금으로 내놓았다.

유일한은 약학, 화학, 의학계의 연구원을 회사로 불러들여 약을 만들기 시작했다. 그리고

* 소년병: 어린 병사.
* 민족의식: 자기 민족의 존엄성과 권리를 지키고 민족의 단결과 발전을 이루려는 집단적 의지나 감정.
* 신음: 아파서 내는 소리.
* 아름드리: 둘레가 한 아름이 넘음을 나타내는 말. 여기서는 '크고 풍성한 것'으로 쓰였다.
* 양행: 주로 외국과 물품 거래를 전문으로 하는 서양식 상점.
* 목각판: 나무를 파 그림이나 글자를 새긴 판.

3년 후, 유한양행을 주식회사로 만들었다. 주식회사는 주식을 가진 모두가 주인인 회사다. 직원들에게 주식을 나누어 주어 직원들도 회사의 주인이 되도록 했다.

[라]

유일한의 회사는 어려운 국내 사정에도 꿋꿋이 발전해 나갔다. 그래서 외국 물건을 국내에서 파는 것으로 만족하지 않고 우리나라의 훌륭한 상품을 미국에 가져다 팔고 싶었다.

유일한은 1938년에 수출 시장을 조사하기 위해 미국으로 떠났다. 그런데 이듬해에 2차 세계대전이 터지면서 유일한은 한국으로 돌아올 수 없게 되었다. 그래서 미국에서 경영학을 공부하며, 미군 전략 정보국에서 한국 정보를 분석하는 고문을 맡아 일했다. ⓒ 미국은 일본을 공격할 계획을 세우고 있었다. 그 계획의 이름은 '냅코 작전'으로, 무장한 한국인을 한국에 침투시켜 일본 기지를 폭파하는 것이었다. 50이 넘은 나이였지만 유일한은 힘든 훈련을 모두 소화하고 작전 시작만 기다리고 있었다. 하지만 1945년, ⓔ 미국이 일본에 원자폭탄을 떨어뜨리면서 작전은 취소되었다.

해방되고 1년 뒤, 유일한은 가족들을 미국에 남겨둔 채 한국으로 돌아왔다. 상공회의소 회장이 된 유일한은 사장에서 물러났다.

[마]

유일한은 재단을 설립하여 직업 교육기관인 유한공업고등학교를 세웠다. 그리고 개인의 재산을 사회에 내어놓았다.

주변에서는 회사의 후계자에 대해 묻기 시작했다. 유일한은 크게 결심을 하고 외아들 유일선을 부사장 자리에서 내려오게 했다. 또 조카도 회사를 그만두게 하였다. 아들이나 친척에게 맡기면 회사가 공정하게 운영되지 않을 수 있기 때문이었다.

유일한은 죽기 전, 손녀의 학비로 쓸 돈과 유한공업고등학교를 개발할 땅을 제외한 전 재산을 사회와 교육 사업에 기부한다는 유서를 남겼다. 1971년, 76세로 삶을 마감했다.

* 원자 폭탄: 원자핵이 분열할 때 생기는 에너지를 이용한 폭탄.
* 무장한: 전투에 필요한 무기를 갖춘.
* 재단: 일정한 목적으로 바친 재산을 운영하기 위해 법적으로 세운 단체.
* 후계자: 어떤 일이나 사람의 뒤를 이을 사람.

1 다음은 이 글에 나온 낱말입니다. 낱말 뜻풀이가 <u>잘못된</u> 것을 찾으세요. |어휘|

① 변전소: 발전소가 생산한 높은 전압의 전기를 받아, 적당하게 전압을 낮추어 내보내는 시설.

② 퇴사: 일정한 나이가 되어 직장에서 물러남.

③ 흔쾌히: 기쁘고 즐겁게.

④ 자주독립: 국가가 다른 나라의 간섭을 받거나 다른 나라에 의존하지 않고 스스로 권리를 행사하는 일.

⑤ 고문: 어떤 분야에 전문적인 지식과 풍부한 경험을 가지고, 의견을 내고 조언하는 직책.

2 ㉠에 물을 주어 싹을 낸 것으로, 주로 반찬의 재료로 쓰입니다. 이것을 [다]에서 찾아 쓰세요. |어휘|

_____

3 유일한에 대한 설명으로 바르지 <u>않은</u> 것을 고르세요. |내용 파악|

① 유일한은 미국으로 유학을 떠났다.

② 유일한은 한인 소년병 학교에 들어가 군사 훈련을 받았다.

③ 유일한은 콩나물 통조림 회사를 설립했다.

④ 유일한의 회사에서는 약도 만들었다.

⑤ 유일한은 공업고등학교를 세웠다.

4 이 글의 내용과 맞는 것을 고르세요. |내용 파악|

① 중국과 러시아는 일본에 쳐들어갔다.

② 박장현과 박용만은 유일한을 도와주었다.

③ 유한양행은 통조림 공장이었다.

④ 유일한은 일본 기지를 폭파했다.

⑤ 미국이 세계 대전을 일으켰다.

5 다음 물음에 알맞은 답을 앞 글에서 찾아 쓰세요. | 내용 파악 |

(1) ⓛ에 새겨진 것은 무엇인가요?

_____

(2) ⓒ의 이름은 무엇인가요?

_____

6 ⓔ의 까닭은 무엇일까요? | 추론 |

① 미국이 원자 폭탄을 떨어뜨려 일본이 항복했다.

② 미국이 원자 폭탄을 떨어뜨려 일본에게 사과해야 했다.

③ 미국이 원자 폭탄을 떨어뜨려 다른 나라가 미국을 공격했다.

④ 미국이 원자 폭탄을 떨어뜨려 작전이 들통났다.

⑤ 미국이 원자 폭탄을 떨어뜨려 유일한이 도망갔다.

7 다음 중 유일한을 나타낼 수 있는 말이 <u>아닌</u> 것을 고르세요. | 적용 |

① 기업가   ② 독립운동가   ③ 사회사업가

④ 교육가   ⑤ 환경운동가

8 다음 중 유일한과 공통점이 <u>없는</u> 삶을 산 사람을 찾으세요. | 적용 |

① ㄱ은 우리나라를 위해 돈을 모아 독립 단체에 보냈다.

② ㄴ은 회사의 주식을 직원들에게 고루 나누어 주었다.

③ ㄷ은 병에 걸린 국민을 돕기 위해 약을 만들어 팔았다.

④ ㄹ은 자식들을 회사에서 물러나게 하고, 경영 전문가에게 회사를 맡겼다.

⑤ ㅁ은 죽기 전에 자신의 재산을 정리하여 모두 자식들에게 나누어 주었다.

9 아래는 무엇에 대한 설명인가요? **|배경지식|**

> 프랑스 말로 '귀족의 의무'라는 뜻이다. 옛날 유럽에서는 전쟁이 나면 귀족들이 위험을 무릅쓰고 싸움터에 나가 앞장섰는데, 이러한 정신에서 비롯된 말이다. 오늘날에는 '가진 자의 도덕적 의무'라는 뜻으로 쓰인다. 부와 권력, 명성을 가진 사람은 그만큼 사회에 대한 책임도 져야 한다는 의미다. 유일한은 이것을 실천한 사람이다.

① 몽타주　　　　② 프로타주　　　　③ 노블레스 오블리주
④ 콜라주　　　　⑤ 아상블라주

10 이 글에 나온 인물을 설명한 글입니다. 설명에 알맞은 사람 이름을 찾아 쓰세요. **|배경지식|**

(1)
> 이 사람은 1904년 미국으로 건너가 대학교를 다녔다. 1909년 독립군을 키우려고 미국 한 지역에 한인 소년병 학교를 세웠다. 또 중국 내의 여러 군사 단체를 통합하여 독립전쟁을 일으킬 것을 계획한 무장 독립운동가다.
>
> *무장: 전투에 필요한 장비(총, 폭탄 등)를 갖추고 사용함.

_____

(2)
> 1884년에 김옥균 등과 함께 개혁을 이끌었지만 계획이 실패하여 미국으로 피했다. 《독립신문》을 만들어 국민의 마음에 독립 의지를 심었다. '독립협회'를 만든 독립운동가다.

_____

진달래꽃이 피고

바람은 버들가지에서 울 때,

개아미는

허리가 가늦한 개아미는

봄날의 한나절, 오늘 하루도

고달피 부지런히 집을 지어라.

⊙ (   )

* 개아미: 개미.
* 가늦한: 가는.
* 고달피: 몸이 지쳐 몹시 피곤할 정도로 힘들게.

1 이 시의 중심 글감은 무엇인가요? 시에 쓰여 있는 대로 쓰세요. | 핵심어 |

_____

2 이 시에 대한 설명으로 옳은 것을 찾으세요. | 내용 파악 |

① 총 6연으로 이루어졌다.

② 글자 수를 맞추어 노래하듯 표현했다.

③ 흉내 내는 말을 사용하여 실감 나게 나타냈다.

④ 읽는 사람에게 교훈을 주려는 목적으로 쓰였다.

⑤ 이 시의 시간적 배경은 봄이다.

3 이 시의 계절을 짐작할 수 있는 낱말 두 개를 찾아 쓰세요. | 추론 |

_____ , _____

4 이 시의 내용을 정리했습니다. 빈칸에 알맞은 낱말을 쓰세요. | 내용 파악 |

☐ 이 왔지만 쉬지도 못하고 ☐ 만 짓는 ☐☐ 는 고달프다.

5 이 시의 말하는 이는 무엇을 하고 있나요? | 추론 |

① 진달래꽃을 꺾고 있다.　　　　② 진달래꽃 향기를 맡고 있다.

③ 개미가 집 짓는 모습을 보고 있다.　　④ 부지런히 집을 짓고 있다.

⑤ 개미를 본받아 열심히 일하고 있다.

6 말하는 이는 개미를 어떻게 생각하고 있나요? | 추론 |

① 징그럽다.　　　　② 사랑스럽다.　　　　③ 두렵다.

④ 안쓰럽다.　　　　⑤ 우스꽝스럽다.

7 다음은 이 시를 지은 작가에 대한 설명입니다. ㉠에 들어갈 시인은 누구일까요? | 배경지식 |

> 이 시인의 본명은 김정식이다. 1902년에 평안북도에서 태어나 1934년에 생을 마쳤다. '한(슬픔)'을 주제로 담은 시를 많이 남겼으며 우리나라 대표 시인으로 불린다. 이 시인의 대표작으로는 〈진달래꽃〉, 〈가는 길〉, 〈산유화〉, 〈초혼〉 등이 있다.

① 윤동주　　　　② 김소월　　　　③ 김영랑

④ 이상화　　　　⑤ 서정주

나무는 ㉠ ☐ 만 덮고도
매서운 겨울을 이긴다.

여름에 ㉡ 조각 천을 짜서
가을에 ㉢ 곱게 물들인 뒤

조각조각 떨어뜨려
시린 ㉠ ☐ 을 덮는다.

나무는 발가벗고도
㉠ ☐ 만 덮으면 봄꿈을 꾼다.

(석용원)

1 이 글의 중심 낱말을 찾으세요. | 핵심어 |

① 나무   ② 겨울   ③ 여름

④ 조각 천   ⑤ 봄꿈

2 이 시의 시간적 배경은 언제인가요? | 배경 |

① 봄   ② 여름

③ 가을   ④ 겨울

3 나무를 사람처럼 나타낸 시입니다. ㉠에 공통으로 들어갈 신체 부위는 어디인가요? |추론|

4 ㉡과 ㉢이 나타내는 것을 바르게 짝지은 것을 찾으세요. |추론|

① ㉡: 나뭇가지, ㉢: 나뭇잎

② ㉡: 나뭇잎, ㉢: 나뭇가지

③ ㉡: 나뭇가지, ㉢: 단풍

④ ㉡: 단풍, ㉢: 나뭇잎

⑤ ㉡: 나뭇잎, ㉢: 단풍

5 이 시의 내용으로 맞는 것을 찾으세요. |내용 파악|

① 나무는 추운 겨울을 버티지 못한다.

② 나무는 봄에 발가벗는다.

③ 나무는 여름에 나뭇잎을 떨어뜨린다.

④ 나무는 낙엽으로 뿌리를 덮고 추위를 견딘다.

⑤ 나무도 사람처럼 꿈을 꿀 수 있다.

6 이 시에 대한 감상으로 가장 알맞은 것을 찾으세요. |감상|

① 나연: 이 시를 읽으니 노래하는 듯한 리듬감이 느껴져.

② 승종: 말하는 이의 안타까워하는 마음이 느껴져.

③ 진희: 힘든 겨울을 견디고 나서 맞이할 봄을 생각하니 희망을 느낄 수 있어.

④ 정현: 나는 사계절이 뚜렷한 우리나라의 아름다움을 느꼈어.

⑤ 선경: 말하는 이가 나무의 삶을 슬퍼하고 절망스럽게 보는 것 같아서 안타까워.

바람이
숲 속에 버려진 빈 병을 보았습니다.

"쓸쓸할 거야."

바람은 함께 놀아 주려고
빈 병 속으로 들어갔습니다.

병은
기분이 좋았습니다.

"보오 보오."

맑은 소리로
㉠ ☐☐☐ 을 불었습니다.

(문삼석)

1 이 시의 제목으로 가장 알맞은 것을 고르세요. | 제목 |

① 쓸쓸한 빈 병   ② 바람과 빈 병

③ 쓸쓸한 바람   ④ 바람의 맑은 소리

⑤ 보오 보오

2 이 시의 중심 생각과 가장 관계 깊은 낱말을 고르세요. |주제|

① 질투　　　　　　　② 믿음　　　　　　　③ 우정

④ 이별　　　　　　　⑤ 슬픔

3 바람은 왜 빈 병 속에 들어갔나요? |내용 파악|

쓸쓸해 보이는 빈 병과 함께 _____

4 이 글의 설명으로 맞는 것에는 O, 틀린 것에는 X 하세요. |내용 파악|

① 이 시는 6연 12행으로 이루어졌다.　　　　　　　　　　　　(　　　　)

② 첫 번째 큰따옴표는 바람이, 두 번째는 빈 병이 낸 소리다.　(　　　　)

③ 빈 병이 쓸쓸해서 바람을 불렀다.　　　　　　　　　　　　(　　　　)

5 '입술을 오므리고 입김을 불어서 내는 소리'입니다. ㉠에 들어갈 낱말을 쓰세요. |어휘|

6 이 시를 읽고 느낌을 나누었습니다. 어울리지 <u>않는</u> 말을 한 사람을 찾으세요. |감상|

① 민정: 빈 병이 숲속에 버려져 있었을 때 무척 외로웠을 것 같아.

② 나미: 이 시를 읽으니 친구와 함께 있는 것 같아서 포근한 느낌이 들어.

③ 희진: 바람과 빈 병 모두 혼자 있는 것을 좋아하는 것 같아.

④ 현우: "보오 보오" 하는 소리가 나를 보러 와 줘서 고맙다고 하는 것 같아.

⑤ 종호: 나도 외롭고 쓸쓸할 때 친구가 다가와 주면 기분이 좋아.

누나!
이 겨울에도
눈이 가득히 왔습니다.

흰 봉투에
눈을 한 ㉠☐ 넣고
글씨도 쓰지 말고
우표도 붙이지 말고
㉡ 말쑥하게 그대로
편지를 부칠까요?

누나 가신 나라엔
눈이 아니 온다기에.

(윤동주)

1 이 글의 제목으로 가장 알맞은 것을 찾으세요. | 제목 |

① 편지　　　　　　　② 글씨

③ 흰 봉투　　　　　　④ 우표

⑤ 겨울

2 이 시에 대해 바르게 말한 사람을 찾으세요. **| 내용 파악 |**

① 연경: 이 시는 편지 형식으로 이루어져 있어.

② 송화: 말하는 이는 누나에게 부친 편지가 눈 때문에 도착하지 않을까 봐 걱정하고 있어.

③ 민정: 글자 수가 반복되어 읽으면 노래하는 느낌을 받아.

④ 승재: 행 끝에 같은 글자가 반복되어 시를 읽으면 신이 나.

⑤ 정훈: 편지를 쓰려는 걸 보니 말하는 이가 누나를 만날 수 없는 상황인 것 같아.

3 다음 뜻풀이를 읽고, ㉠에 들어갈 낱말을 쓰세요. **| 어휘 |**

| 한 손에 쥘 만한 양을 세는 단위. '주먹'을 줄여 쓰는 말. | |

4 ㉡의 바른 뜻을 찾으세요. **| 어휘 |**

① 폭이 좁고 길쭉하게.

② 말끔하고 깨끗하게.

③ 아름답고 화려하게.

④ 재미있고 웃기게.

⑤ 예쁘고 아기자기하게.

5 이 시를 읽고 난 느낌을 가장 잘 말한 사람을 고르세요. **| 감상 |**

① 승희: 누나가 무척 더운 나라로 여행을 떠났나 봐. 부럽다.

② 민재: 눈을 봉투에 넣는다니. 말하는 이는 참 어리석은 것 같아.

③ 정규: 난 눈을 편지로 부친다는 표현이 재미있었어. 그 눈으로 눈싸움을 하면 즐거울 것 같아.

④ 우석: 누나를 만날 수 없는 현실이 안타까워. 누나에 대한 그리움이 느껴져.

⑤ 아름: 말없이 떠난 누나를 원망하고 있어. 그런 사람이 있으면 나도 화가 날 거야.

북쪽 동무들아
어찌 지내니?
겨울도 한 발 먼저
찾아왔겠지.

먹고 입는 걱정들은
하지 않니?
즐겁게 공부하고 잘들 노니?

너희들도 우리가 궁금할 테지.
삼팔선 그놈 땜에
갑갑하구나.

(권태응)

* 삼팔선: 위도(지구의 적도를 0도로 하여 남극, 북극까지 90도로 나눈 것) 38도인 선. 북위(적도 북쪽의 위도) 38도 선은 한반도 중앙을 지나고 있다. 일제 강점기가 끝난 뒤, 이 선을 경계로 남북이 나뉘었었다.

1 말하는 이가 처한 상황은 어떠한가요? |추론|

① 다른 나라에 우리나라를 빼앗겼다.
② 동무와 다퉈서 사이가 서먹하다.
③ 자신의 먹고 입을 걱정을 하며 지낸다.
④ 즐겁게 공부하며 잘 놀고 있다.
⑤ 나라가 나뉘어 북쪽 동무들의 소식을 들을 수 없다.

2 다음 중 말하는 이를 <u>잘못</u> 이해한 사람은 누구인가요? | 추론 |

① 남한에 살고 있다.

② 북쪽 동무를 걱정하고 있다.

③ 북쪽 동무들을 궁금해하고 있다.

④ 북쪽에 갈 수 없어서 답답하게 느끼고 있다.

⑤ 북쪽에 갈 계획을 세우고 있다.

3 이 시의 특징을 가장 잘 나타낸 문장을 고르세요. | 표현 |

① 비유법을 많이 사용하여 내용이 복잡하다.

② 흉내 내는 말로 재미있게 나타냈다.

③ 실제 말하는 것처럼 표현했다.

④ 사물을 눈으로 보듯 자세히 설명했다.

⑤ 반복하는 말을 사용해 리듬감을 살렸다.

4 글쓴이와 북쪽 동무들을 가로막은 것은 무엇인가요? | 내용 파악 |

_____

5 이 시의 내용을 줄글로 나타내었습니다. 빈칸을 채워 글을 완성하세요. | 내용 파악 |

남쪽에 살고 있는 나는 _____ 동무들이 어찌 지내는지 궁금하다.

북쪽에는 _____ 도 남쪽보다 일찍 오는데 춥지는 않은지, 잘 먹고 잘

입으며 편히 생활하는지, 즐겁게 공부하고 잘 노는지 만날 수 없으니 참 궁금하다. 아마

북쪽에 사는 동무들도 우리가 어떻게 지내는지 궁금할 것이다. _____

으로 갈라져 있어서 동무들을 만날 수 없는 현실이 참으로 _____ .

이 글은 방정환이 쓴 동화 〈금시계〉다.
[가]는 글 전체의 요약이고, [나], [다], [라], [마]는 글의 주요 부분이다.

[가]

효남이는 아홉 살 때 아버지를 여의었다. 어머니가 남의 집 일을 해 주고 번 돈으로 시골에서 초등학교를 졸업한 효남이는, 그 후 야학이라도 다녀보겠다는 생각으로 서울에 올라왔다. 목장에 취직하여 새벽에는 우유 배달, 낮에는 소 떼 지키는 일을 했다. 그리고 밤에는 야학에 다니며 공부했다. 효남이는 피곤했지만, 시골에서 고생하시는 어머니와 여동생 효순이를 생각하며 꾹 참았다.

그런데 이틀 전, 동생에게서 편지가 왔다. 어머니가 병이 나서 앓고 있다는 내용이었다. 효남이는 돈이 없어 약 한 첩 못 쓸 어머니를 생각하니 일이 손에 잡히지 않았다. 그래서 목장 주인에게 사정을 말하고 5만 원을 빌려 달라고 부탁했다. 하지만 주인은 미리 돈을 빌려 쓰는 버릇을 들이면 안 된다며 거절했다. 다음 날, 부끄러움을 무릅쓰고 다시 부탁해 보았지만 결과는 마찬가지였다.

그런데 다음 날 아침, 주인의 금시계가 없어져 목장이 발칵 뒤집혔다. 주인은 효남이를 비롯해 목장에서 일하는 사람들 모두의 몸을 뒤졌다. 하지만 누구에게서도 금시계는 나오지 않았다. 그러자 주인은 효남이를 불러 경찰서로 끌려가기 전에 잘 생각해 보라고 눈을 흘기며 말했다.

효남이는 변명도 못 하고 목장 풀밭에 가서 울었다. 그 사이에 주인은, 효남이와 일꾼들이 자는 방에 들어가 옷장과 책상 서랍을 뒤졌지만 금시계는 나오지 않았다. 그런데 효남이가 쓰는 책상 서랍 속에서 주인아주머니의 금반지가 나왔다. 화가 난 목장 주인은 효남이를 불러들였다.

---

* 여의었다: 부모나 사랑하는 사람이 죽어서 이별했다.
* 야학: 낮에는 일하고 밤에 공부하는 사람들을 가르치는 학교.
* 첩: 약봉지에 싼 약의 뭉치를 세는 단위.

목장에서 소동이 일어난 줄도 모르고 효남이는 어머니 걱정에 울고 있었다. 그때 주인집에서 잔심부름하는 수득이가 효남이를 데리러 왔다. 수득이에게 상황을 전해 들은 효남이는 기가 막혀 눈앞이 캄캄해졌다. 가서 변명이라도 해야겠다는 생각에 기운을 차려 일어서려는데, 풀밭에 떨어진 종이쪽지가 눈에 띄었다. 전당표였다. 금시계를 맡기고 돈을 빌린 사람의 이름은 '전수득'이었다.

효남이는, 수득이가 금시계를 훔쳐 놓고, 자신에게 죄를 뒤집어씌우려고 주인아주머니의 금반지를 책상에 집어넣었다고 생각했다. 이제 도둑 누명을 벗을 수 있다는 생각에 효남이는 ☐ ㉠ ☐를 쥐고 목장으로 뛰어갔다.

목장에 들어서려는데 수득이와 어머니가 나누는 이야기가 들렸다. 아버지는 병으로 누워 계시고, 집주인은 방을 빼 달라고 하여 수득이가 돈을 구해 오기로 한 모양이었다. 어머니의 말을 듣던 수득이는 주머니에서 뭔가를 꺼내는 것 같았다.

효남이는 그대로 목장 주인에게 갔다. 화가 난 주인은 효남이를 보자 호통을 쳤다. 효남이는 억울하여 손에 쥔 전당표를 내보이고 싶었다. 하지만 수득이네가 쫓겨나는 것보다 자신이 나가는 게 낫다고 생각해, 입술을 꼭 깨물고 손에 쥔 ☐ ㉠ ☐를 주머니에 넣었다. 그러고는 주인에게 용서를 빌었다.

도둑 누명을 쓰고 쫓겨나는 효남이를 보니, 수득이는 너무 괴로웠다. 그래서 자신의 잘못을 효남이에게 실토하려고 했다. 그런데 효남이는 수득이의 말을 막으며, 우리가 가난한 것밖에 무슨 죄가 있냐고 말했다.

그 뒤 효남이는 야학에 계신 선생님께 인사를 하고 시골집으로 떠났다.

수득이는 효남이의 누명을 벗겨 주어야겠다고 결심하고 목장 주인 부부에게 사실을 말했다. 부부는 자신들의 잘못을 사과하려고 효남이네 집을 찾아갔다. 닷새 뒤, 목장 주인은 효남이네 식구를 데리고 올라와 어머니는 병원에 입원시키고, 효남이와 효순이는 학교에 입학시켰다. 그리고 효남이의 소원대로, 수득이도 쫓겨나지 않고 일할 수 있게 했다.

[나]

"잘 생각해서 바로 대답하여라. 경찰서로 끌려가기 전에……."

몸을 뒤졌어도 나온 것이 없건마는 이렇게까지 의심을 받으니, 효남이는 무어라고 더 변

* 전당표: 물건을 맡고 돈을 꾸어 주면서, 맡긴 물건, 빌려준 금액 따위를 적은 쪽지.
* 실토: 거짓 없이 사실대로 말함.

명할 말이 없었습니다.

'돈이 없는 탓에 이렇게 의심을 받는구나.'

하고 생각하니, 몸이 떨리고 눈물이 고였습니다. 그래서 아무 말도 못 하고 물러 나와 버렸습니다.

"죄가 있으니 말을 못 하고, 겁이 나니까 울기만 하는구나."

하고, 그들은 저희끼리 쑥덕거렸습니다.

[다]

목장 문으로 뛰어 들어가려 할 때, 목장 문간에서 수득이가 어머니하고 무슨 얘기를 하고 있었습니다.

"애야, 오늘은 일찍 온다더니 아직도 여기 있구나. 벌써 집주인이 와서 방을 빼달라고 하니 어떡하니? 게다가 아버지마저 저렇게 석 달째 병으로 누워 계시니……. 당장 병들어 누워 계시는 아버지를 길에다 눕히니? 오늘은 돈이 된다더니 아직도 돈이 안 됐니?"

수득이 어머니 말소리가 그 옆을 지나는 효남이의 귀에도 자세히 들렸습니다.

[라]

효남이는 주인의 방으로 들어갔습니다. 주인은 화가 나서 눈을 흘기며 말했습니다. 다른 일꾼들까지 우르르 모여 와서 지켜보고 있었습니다.

"이 녀석아, 반지는 또 어느 틈에 훔쳐 두었니? 그래도 시계를 모른다고 버틸 테냐? 아무리 도둑놈의 씨알머리기로……."

주인의 호통 소리에 효남이는 온몸에서 화가 끓어 올라왔습니다.

'아니에요. 왜 자세히 알지도 못하고 그런 욕을 하세요.'

하는 소리가 목까지 저절로 올라오고, 전당표를 든 주먹이 저절로 튀어 나가려고 하였습니다.

그러나 그때 생각난 것은, 지금 문밖에서 수득이 어머니가 걱정하는 소리였습니다.

'병든 수득이 아버지와 어머니가 방에서 쫓겨나서 추운 곳에서 떨게 되는 것보다 내가 쫓겨나는 것이 더 나아. 그래! 아무 말도 말자. 수득이 집 형편이 나보다 더 급해. 나보다도 더 불쌍해.'

효남이는 입술을 꼭 깨물었습니다. 그리고 ⓒ 손에 쥔 것을 바지 주머니에 넣어 버렸습니다.

* 씨알머리: '사람의 종자'라는 뜻으로 남의 핏줄을 함부로 이르는 말.

[마]

두 소년의 눈에서 눈물이 흘렀습니다.

"나는 네가 아무 죄도 없는 줄을 알고 있어. 그런데 내가……."

수득이가 사실을 말하려고 하자 효남이가 황급히 수득이의 말을 막았습니다.

"나는 갈 사람이니까 아무 말도 하지 말아라. 그냥 헤어지자. 아무 말 말고 그냥 헤어지는 것이 편하다."

수득이는 점점 더 눈물을 흘리면서

"아니야. 그런 게 아니라 내가……."

하고, 다시 말리는 것을 효남이가 또 말을 막았습니다.

"아니야. 말을 하면 안 돼. 나는 이곳을 떠나야 할 사람인데, 네가 그런 말을 하면 내 마음이 편하지 못해. 너는 아버지가 앓고 계시지 않니? 내가 가고 네가 있어야 해. 우리도 가난하지 않을 날이 있겠지. 가난한 탓밖에 무슨 탓이 있겠니……."

1 '사실이 아닌 일로 이름을 더럽히는 일'의 뜻을 지닌 낱말을 [가]에서 찾아 쓰세요. **| 어휘 |**

_____

2 금시계가 사라진 사건이 벌어진 곳은 어디인가요? **| 배경 |**

_____

3 다음 중 효남이에 대한 설명으로 바르지 <u>않은</u> 것을 고르세요. **| 내용 파악 |**

① 시골에서 초등학교를 졸업했다.

② 낮에는 일하고 밤에는 야학에 다니며 공부했다.

③ 아홉 살 때 아버지가 돌아가셨다.

④ 서울에 올라와 식당에 취직했다.

⑤ 어머니와 여동생이 있다.

4 효남이가 금시계를 훔친 범인으로 의심을 받은 까닭은 무엇인가요? | 내용 파악 |

① 수득이가 주인에게 일러서.

② 효남이가 전날 돈을 빌려달라고 해서.

③ 주인이 효남이를 싫어해서.

④ 효남이가 사고를 많이 쳐서.

⑤ 효남이가 말은 하지 않고 울기만 해서.

5 [나]에서 짐작할 수 있는 효남이의 심정이 <u>아닌</u> 것을 고르세요. | 추론 |

① 억울하다.   ② 화난다.

③ 귀찮다.   ④ 당황스럽다.

⑤ 슬프다.

6 [다]에서 짐작해 본 효남이의 마음으로 가장 알맞은 것을 고르세요. | 추론 |

① '아무리 가난해도 도둑질을 하면 안 돼. 수득이를 위해서라도 사실을 밝혀야 해.'

② '수득이가 금시계를 훔쳐 간 게 확실해! 어서 주인에게 알려야지.'

③ '병든 아버지도 계신데 집을 쫓겨날 처지에 놓였으니, 수득이가 나보다 힘들겠구나.'

④ '어머니가 돈을 빌려오라고 해서 수득이가 금시계를 훔쳤구나. 모든 게 어머니 때문이었어!'

⑤ '어린 수득이가 가장 노릇을 해야 하니 얼마나 힘들까? 하지만 그럴수록 바르게 살아야 해.'

7 [라]에서 효남이가 범인을 밝히지 않은 까닭은 무엇인가요? | 내용 파악 |

① 주인아저씨가 말을 함부로 해서.

② 수득이가 범인이란 걸 알면, 수득이 어머니가 놀라실까 봐.

③ 친구로서 수득이에 대한 의리를 지키려고.

④ 사실대로 말하면 수득이가 잡혀가고, 평생 도둑이라는 소리를 듣고 살까 봐.

⑤ 사실대로 말하면 수득이가 쫓겨나고, 수득이의 병든 부모님도 집에서 쫓겨날까 봐.

8 ㉠에 들어갈 낱말입니다. ㉡이 가리키는 것은 무엇인가요? |내용 파악|

_____

9 [라], [마]에서 나타난 효남이의 행동을 가장 잘 나타낸 사자성어를 고르세요. |추론|

① 동병상련(同病相憐): 어려운 처지에 있는 사람끼리 서로 불쌍히 여기고 돕는다는 말.

② 일구이언(一口二言): 한 가지 일에 대해 이랬다저랬다 말을 바꾼다는 말.

③ 유구무언(有口無言): 변명할 말이 없다는 말.

④ 전화위복(轉禍爲福): 좋지 않은 일이 계기가 되어 오히려 좋은 일이 생긴다는 말.

⑤ 시시비비(是是非非): 옳고 그름을 가리어 밝힌다는 말.

10 이 글의 사건을 정리했습니다. 일어난 순서대로 나열하세요. |줄거리|

① 효남이가 전당표를 줍는다.　　　② 효남이가 누명을 쓰고 목장에서 쫓겨난다.

③ 목장 주인에게 돈을 빌려달라고 한다.　④ 효순이에게서 편지가 온다.

⑤ 목장 주인 부부가 효남이에게 사과한다.　⑥ 목장 주인의 금시계가 없어진다.

11 이 글과 어울리지 <u>않는</u> 감상을 말한 사람은 누구인가요? |감상|

① 서영: 주인아저씨처럼, 증거도 없이 남을 함부로 의심하면 안 돼.

② 인우: 수득이가 금시계를 훔친 건 가난했기 때문이야. 가난하면 누구나 죄를 짓게 돼.

③ 지혜: 자신도 가난하게 살면서 남의 어려움을 돌볼 줄 아는 효남이는 마음이 따뜻한 아이야.

④ 정훈: 수득이가 자신의 잘못을 뉘우치고 사실을 밝혀서 다행이야.

⑤ 힘찬: 효남이네 식구를 데려와 어머니를 입원시키고 효남이, 효순이를 학교에 보내는 걸 보
니 목장 주인도 아주 나쁜 사람은 아닌 것 같아.

이 글은 아일랜드 작가 오스카 와일드의 〈진정한 친구〉다.
[가]는 글 전체를 요약한 것이고, [나], [다]는 중간과 끝의 중요 부분이다.

[가]

진정한 우정은 친구를 위해 무엇이든 다 해주는 것이라고 물쥐가 말한다. 그 말에, 초록 방울새는 친구에게 보답은 어떻게 하는지 묻는다. 물쥐가 대답하지 못하자, 초록방울새는 친구를 위해 헌신하던 사람에 관한 이야기를 들려준다.

한스는 정원사로 일하며, 허름한 오두막에서 혼자 지낸다. 가난하지만 착하고 정직한 사람이다. 한스에게는 부자 친구 밀러가 있다. 방앗간 주인인 밀러는 "진정한 친구는 모든 것을 나눠 가져야 한다."라며 한스의 정원에 올 때마다 꽃과 과일을 마음껏 가져간다. 그러고는 한스에게 아무것도 보답하지 않는다.

일거리가 없는 겨울이 되면 한스는 추위와 굶주림에 시달린다. 하지만 밀러는 어려움에 처한 한스를 찾아가지 않는다. 한스는 온갖 물건을 내다 팔아 겨우 생계를 이어 가고, 봄이 되자 꽃을 팔아 겨울에 내다 판 손수레를 다시 장만하려 한다. 밀러는 망가진 자신의 손수레를 주겠다고 하고는 그 대가로 한스가 수레를 고치려고 준비한 널빤지와 시장에 내다 팔 꽃을 가져간다. 또 한스에게 무거운 밀가루 포대를 시장까지 가져다 달라고 부탁하고, 창고의 지붕을 고쳐 달라고도 한다. 한스는 밀러와의 우정을 지키기 위해 어떤 부탁이든 들어 준다.

폭풍우가 치던 어느 밤, 밀러는 자기 아들이 사다리에서 떨어져 다쳤으니 의사를 불러 달라고 부탁한다. 한스는 의사를 부르고 집으로 돌아가던 중, 폭풍우가 심해져 길을 잃고 헤매다 웅덩이에 빠져 목숨을 잃는다.

장례식을 마친 후, 사람들이 모여 한스의 죽음을 안타까워한다. 밀러는 한스에게 주려고 했던 손수레를 어찌해야 할지 모르겠다면서, 앞으로 누구에게든 뭘 주겠다는 생각은 하지 않겠다고 다짐한다.

* 생계: 살아갈 방법이나 형편.

이야기를 듣고 난 물쥐는 밀러가 불쌍하다고 말한다. 초록방울새가 물쥐에게 이야기의 교훈을 이해하지 못한 것 같다고 하자, 물쥐는 교훈적인 이야기는 질색이라며 구멍으로 들어가 버린다.

[나]

몸집이 작은 한스에겐 친구가 많았다. 특히 방앗간 주인인 밀러와 아주 가깝게 지냈다. 부자인 밀러는 한스의 정원에 올 때마다 향기로운 풀을 한 아름 따서 가져갔고, 과일이 익는 계절에는 자두나 앵두를 주머니 가득 넣어 가져갔다.

그러면서 진정한 친구는 모든 것을 함께 나누어야 하는 거라고 말했다. 그러면 한스는 고개를 끄덕이며 웃어 주었다. 그러고는 그렇게 생각이 깊은 친구가 있다는 걸 가슴 뿌듯하게 생각했다.

그러나 이웃 사람들은 밀러가 한스에게 아무런 보답을 하지 않는 것에 대해 이상하게 생각했다. 밀러의 집에는 창고에 밀가루가 백 포대나 쌓여 있고, 젖소 여섯 마리와 양 떼도 있었다. 하지만 한스는 한 번도 보답을 바라지 않았다. 오히려 밀러에게 진정한 친구에 관한 이야기를 듣는 것이 즐거웠다.

한스는 봄, 여름, 가을 동안에는 정원에서 열심히 일하며 행복했다. 그러나 겨울이 되면 시장에 내다 팔 과일이나 꽃이 없어서 추위와 배고픔으로 큰 어려움을 겪어야 했다. 하지만 밀러는 한 번도 한스를 만나러 오지 않았다.

밀러는 부인에게 이렇게 말하곤 했다.

"눈이 계속 내릴 때는 내가 한스를 만나러 가 봐야 아무 도움이 못 될 거야. 괴로울 때는 혼자 있는 게 좋으니까. 찾아가 봤자 오히려 방해만 될 테고. 적어도 친구 사이에 그 정도 배려는 해 줘야지. 그래서 난 봄이 올 때까지 기다리기로 했어. 그때쯤 되면 과일도 한 바구니 얻을 수 있을 테고, 그러면 그 친구도 기뻐하겠지."

벽난로 옆에 의자를 갖다 놓고 앉으며 부인도 그 말에 ⊙ [   ]를 쳤다.

"당신은 정말 남을 생각하는 마음이 깊어요. 당신이 친구를 생각하는 마음은 듣기만 해도 마음이 따뜻해져 와요."

하지만 밀러의 막내아들은 생각이 달랐다.

"그래도 한스 아저씨께 우리 집으로 오시라고 하는 게 좋지 않을까요? 한스 아저씨의 형편이 그렇게 어렵다니 제 수프의 반을 나누어 드릴 수도 있어요. 그리고 제가 키우는 하얀 토끼도 보여 드리고 말이에요."

그러자 밀러는 벼락같은 큰 소리로 아들을 꾸짖었다.

"넌 어쩌면 그렇게 어리석냐! 한스가 이리로 온다고 치자. 따뜻한 난로와 잘 차려진 식탁과 큰 포도주 통을 보면 얼마나 속상하겠니? 친구 사이에 질투처럼 나쁜 건 없단다. 한스 아저씨는 나와 제일 친한 친구야. 그러니 질투심을 갖지 않도록 내가 배려해 줘야지. 그리고 우리 집에 왔다가 밀가루를 꿔 달라고 하면 어쩌려고. 난 그럴 수는 없어. 밀가루는 밀가루고 우정은 우정이니까."

[다]

바람이 세차게 불던 어느 날 저녁, 누군가 문을 요란하게 두드렸다. 한스가 문을 열어 보니 밀러였다. 한 손에 손전등, 다른 손에는 막대기를 들고 서 있었다.

"사랑하는 친구 한스, 내게 문제가 생겼네. 아들이 사다리에서 떨어져 다쳤어. 내가 의사를 부르러 가려고 했지만 너무 멀어서 말이야. 밤인 데다 날씨도 고약하고. 그래서 생각해 봤는데, 자네가 대신 가는 게 좋지 않을까 하네. 내가 자네에게 손수레를 준다고 했으니 그 보답으로 나를 위해 뭔가 해주면 공평하지 않겠나."

불쌍한 한스가 큰 소리로 대답했다.

"물론이지. 나를 찾아와 준 것만 해도 얼마나 고마운지 모르겠네. 지금 당장 출발해야지. 그나저나 내겐 손전등이 없으니 빌려주면 고맙겠네."

하지만 밀러는 거절했다.

"정말 미안하네만, 이건 새로 산 거라 고장이라도 나면 너무 손해가 커서 말일세."

"아, 그럼 신경 쓰지 말게. 그냥 가 보지."

한스는 털코트를 입고 주황색 모자를 쓴 뒤 길을 떠났다. 칠흑같이 어둡고, 비가 억수로 퍼부어 한스는 거의 앞을 볼 수 없었다. 바람도 어찌나 세게 불던지 똑바로 서기도 쉽지 않았다. 한스는 세 시간을 걸어, 마침내 의사 집에 도착했다. 한스가 문을 두드리자 의사가 침실 유리창 밖으로 머리를 내밀었다.

"방앗간 집 아들이 사다리에서 떨어져 다쳤어요. 아이의 아버지는 선생님께서 당장 가 주셨으면 해요."

의사는 마차와 장화, 손전등을 준비하여 방앗간으로 출발했다. 한스는 의사의 뒤를 따라 터벅터벅 걸어갔다. 마차는 금세 폭풍 속으로 사라져 보이지 않았다. 한스는 길을 잃고 황

* 황무지: 내버려 두어 거친 땅.

무지에서 헤맸다. 황무지는 깊게 팬 웅덩이가 많아 몹시 위험했다.

　다음 날, 염소 치는 목동들은 커다란 웅덩이에 숨을 거둔 채 둥둥 떠 있는 한스를 발견했다. 목동들은 한스의 시체를 집으로 옮겼다.

1 이 글의 주제로 가장 알맞은 것을 고르세요. | 주제 |

① 친구란 무엇인가.

② 사랑이란 무엇인가.

③ 가난이란 무엇인가.

④ 행복이란 무엇인가.

⑤ 사람은 왜 죽는가.

2 ㉠에 들어갈 낱말로, '남의 말에 그렇다고 덩달아 말하는 것'의 뜻을 지닌 말을 쓰세요. | 어휘 |

마	자	ㄱ

3 [나]에서 알 수 있는 밀러의 성격으로 알맞은 것을 고르세요. | 추론 |

① 희생정신이 강하다.　　　　② 배려심이 깊다.

③ 인색하다.　　　　④ 너그럽다.

⑤ 의리 있다.

4 한스에 대한 설명으로 <u>틀린</u> 것을 고르세요. | 내용 파악 |

① 허름한 오두막에서 산다.　　　　② 부자 친구 밀러가 있다.

③ 꽃을 가꾸고 파는 일을 한다.　　　　④ 겨울에는 추위와 굶주림에 시달린다.

⑤ 자신을 돕지 않는 밀러를 원망한다.

5 이 글에 관한 내용으로 맞는 것에 O, 틀린 것에는 X 하세요. | 내용 파악 |

① 물쥐가 초록방울새에게 한스와 밀러의 이야기를 해 주었다.　　　　　　(　　　　)

② 밀러는 한스에게 돈을 주고 꽃과 과일을 샀다.　　　　　　　　　　　(　　　　)

③ 한스는 밀러를 진정한 친구로 생각했다.　　　　　　　　　　　　　　(　　　　)

④ 밀러는 한스에게 손수레를 주었다.　　　　　　　　　　　　　　　　(　　　　)

⑤ 밀러의 딸이 사다리에서 떨어져 다쳤다.　　　　　　　　　　　　　　(　　　　)

⑥ 한스는 밀러와의 우정을 지키려다 목숨을 잃었다.　　　　　　　　　　(　　　　)

6 [나]를 통해 알 수 있는 사실은 무엇인가요? | 추론 |

① 밀러는 실천은 잘하는데 말로 하는 표현은 서투르다.

② 밀러는 자신이 한 말은 그대로 행동에 옮긴다.

③ 밀러는 친구를 위해 희생하고, 때로는 선의의 거짓말을 한다.

④ 밀러는 자신의 것을 친구와 나누지는 않지만, 따뜻한 말로 위로할 줄 안다.

⑤ 밀러는 다른 사람은 생각하지 않고, 자신에게 이익이 되는 방향으로 생각하고 말한다.

7 이 글의 구성 방식에 대한 설명입니다. 괄호 안에 들어갈 구성 방식을 고르세요. | 구조 |

> 　　　이 글에는 이야기 속에 다른 이야기 하나가 들어 있다. 물쥐와 초록방울새 이야기는 한스와 밀러의 이야기를 담는 역할을 하고, 그 안에 있는 한스와 밀러의 이야기가 중심이다. 이러한 이야기 구성 방식을 (　　　　　　　　　)이라고 한다.

① 입체적 구성　　　　　　　　　　　② 평면적 구성

③ 액자식 구성　　　　　　　　　　　④ 상자식 구성

⑤ 병풍식 구성

8 다음은 친구와 관련한 사자성어입니다. 사자성어와 풀이를 바르게 연결하세요. | 배경지식 |

(1) 죽마고우
(竹馬故友) •

• 서로 거스르지 않는 친구라는 뜻으로,
허물없이 친한 친구.

(2) 수어지교
(水魚之交) •

• 대나무 말을 타고 벗이라는
뜻으로, 어릴 때부터 아주 친한 친구.

(3) 막역지우
(莫逆之友) •

• 쇠처럼 단단하고 난초처럼 향기로운
사귐이란 뜻으로, 아주 친한 친구.

(4) 금란지교
(金蘭之交) •

• 물과 고기의 사귐이란 뜻으로,
매우 친밀하여 떨어질 수 없는 사이.

9 이 글을 읽고 친구들과 대화를 나누었습니다. 어울리지 <u>않는</u> 말을 한 사람은 누구인가요? | 감상 |

① 유정: 한스가 너무 불쌍해. 자신을 이용하는 밀러를 진정한 친구로 생각했어. 그리고 밀러가
시키는 일을 불평 없이 하다가 결국 목숨까지 잃었잖아.

② 지원: 밀러는 너무 이기적이야. 자신이 필요할 때만 친구를 찾고, 정작 친구가 외롭고 힘들
때는 모른 척하잖아. 자신의 욕심만 채우려는 사람과는 사귀고 싶지 않아.

③ 재민: 밀러는 말과 행동이 달라. 진정한 친구는 모든 걸 나눠야 한다면서 정작 자신은 한스에
게 아무것도 주지 않았어. 밀러처럼 말과 행동이 다르면 친구 관계를 유지할 수 없어.

④ 서준: 밀러는 진정한 우정이 무엇인지 알려준 친구야. 한스보다는 밀러 같은 친구를 많이 사
귀고 싶어.

⑤ 은성: 한스는 어리석어. 친구가 원하는 건 무조건 다 해주잖아. 친구가 부당한 요구를 하면
거절할 줄도 알아야 해. 그것이 친구를 위해서도, 자신을 위해서도 좋은 일이야.

이 글은 미국의 작가 오 헨리의 작품 〈마지막 잎새〉다.

[가]와 [다]는 이 글의 부분을 요약한 것이며, [나]는 그 사이의 글이고, [라]는 글의 가장 뒷부분이다.

[가]

미국 뉴욕의 '그리니치 빌리지'라는 작은 마을에 화가들이 많이 살았다. 그래서 사람들은 그곳을 '예술가 마을'이라고 불렀다. 수와 존시도 그 마을에 사는 가난한 화가다. 두 사람은 낡은 벽돌집 3층에 작은 화실을 꾸미고 함께 살고 있었다. 가을이 되자 예술가 마을에 폐렴이 돌기 시작했다. 존시도 폐렴에 걸려 앓고 있었다. 의사는, 존시에게 살려는 의지가 없어서 살 가망성이 거의 없다고 수에게 말했다. 수는 눈물을 닦고 일을 시작했다.

[나]

수가 어느 소설의 삽화를 그리고 있을 때, 나지막이 존시의 목소리가 들렸다. 수는 급히 침대로 달려갔다. 존시는 침대에 누운 채로 창밖을 보며 숫자를 거꾸로 세고 있었다.

"열둘."

하더니, 조금 뒤에는,

"열하나."

그러고는 다시,

"열, 아홉, 여덟, 일곱."

수는 걱정스럽게 창밖을 내다보았다. 창밖에는 텅 빈 뜰과 옆집의 벽돌담이 있었다. 벽돌담에는 뿌리가 썩어서 줄기가 마른 담쟁이덩굴이 담 중간까지 올라가 있었다.

"존시, 뭘 그렇게 세고 있어?"

존시는 작은 목소리로 대답했다.

* 폐렴: 세균에 감염되어 폐에 염증이 생기는 병.
* 가망성: 무엇이 이루어질 가능성이 있는 정도.
* 삽화: 책, 신문, 잡지 따위에서, 내용을 보충하거나 이해를 돕기 위해 넣는 그림.

"여섯! 이제 더 빨리 떨어지는구나. 사흘 전만 해도 백 개쯤 되어서 세는 게 힘들었는데. 또 하나 떨어지는구나. 이제 다섯 장밖에 남지 않았어."

"다섯 장이라니, 무슨 말이야?"

"담쟁이덩굴 잎사귀 말이야. 저 잎이 모두 떨어지면 나도 죽을 거야. 난 사흘 전부터 벌써 알고 있었어. 의사 선생님이 너한테 무슨 말 하지 않으셨니?"

"아니, 난 그런 말 못 들었어."

수는 ㉠ 그런 일은 절대 있을 수 없다는 듯이 말했다.

"네가 담쟁이덩굴을 좋아하는 건 알아. 하지만 말라 버린 담쟁이덩굴 잎과 네 건강은 아무 관계없어. 그러니 그런 바보 같은 생각은 하지 마. 오늘 아침에 의사 선생님께서, 너는 회복할 수 있다고 하셨어. 자, 수프라도 좀 먹어."

존시는 창밖을 계속 바라보며 말했다.

"잎이 또 하나 떨어지네. 수프도 먹고 싶지 않아. 이제 네 장 남았어. 어두워지기 전에 마지막 잎이 떨어지는 걸 보고 싶어. 그러면 나도 곧 죽겠지."

[다]

수는 자신의 그림에 모델이 되어 달라는 부탁을 하러, 아래층에 사는 베어먼을 찾아갔다. 베어먼은 언젠가는 걸작을 그리겠다는 꿈을 품고 사는, 늙은 화가다. 존시의 상황을 들은 베어먼은 수를 위로해 주었다. 이튿날, 두 사람은 걱정스러운 얼굴로 창밖을 내다보았다. 밤새도록 진눈깨비와 함께 세찬 바람이 불었기 때문이었다. 하지만 담쟁이덩굴 잎 하나가 그대로 매달려 있었다. 오후가 지나도록 마지막 잎새는 떨어지지 않았다. 하지만 저녁이 되자 다시 비바람이 매섭게 몰아쳤다.

[라]

날이 밝자 존시는 다시 커튼을 걷어 달라고 부탁했다. 그런데 담쟁이덩굴의 마지막 잎새는 여전히 남아 있었다.

존시는 마지막 잎새를 보며 한동안 누워 있다가 갑자기 수를 불렀다.

"수, 미안해. 그동안 내가 어리석었어. 죽고 싶어하는 건 죄야. 수프 좀 줘. 그리고 손거울도 갖다줘."

* 수프: 고기나 채소를 삶아낸 액체에 소금, 후추 등으로 맛을 더한 서양 요리.
* 걸작: 매우 뛰어난 예술 작품.

수는 존시가 앉을 수 있도록 베개를 받쳐 주었다. 그러고는 손거울을 가져다주었다. 한 시간쯤 뒤에 존시가 말했다.

"수, 꼭 나폴리 만을 그려 보고 싶어."

오후에 의사가 왔다. 수는 의사가 떠날 때 복도로 따라 나갔다.

"이제 존시 양이 살 수 있는 확률은 반반 정도예요. 당신이 간호를 잘 해 주어서 좋아졌어요. 이제 아래층 환자를 치료하러 가야겠어요."

"아래층 환자라니요?"

"베어먼이라는 화가예요. 폐렴에 아주 심하게 걸렸어요. 그런데 그 환자는 나이도 많고 쇠약해서 회복할 가망이 없어요. 하지만 편하게 해 주려고 오늘 입원시키려고 합니다."

수는 베어먼 씨를 걱정했다. 하지만 존시를 보살펴야 했기 때문에 자리를 비울 수 없었다.

다음 날, 의사가 수에게 얘기했다.

"존시 양은 이제 위기를 넘겼어요. 이제는 영양 섭취를 잘하고 간호를 잘 받는 일만 남았습니다."

그날 오후, 수는 뜨개질을 하고 있던 존시에게 조용한 목소리로 말했다.

"존시, 네게 알려 줄 게 있어. 오늘 아침에 베어먼 씨가 돌아가셨어. 폐렴에 걸린 지 이틀 만이래. 병에 걸린 첫날 아침에 건물 관리인 아저씨가 베어먼 씨 방에 갔었는데, 신발과 옷이 비에 다 젖어 있었고 몸은 얼음장처럼 차가웠대. 비바람이 치는 밤중에 대체 어디를 다녀왔는지, 방 안에는 붓이 흩어져 있었고 사다리도 꺼내져 있었대. 손전등에는 불이 켜져 있고, 초록색과 노란색이 풀어져 있는 팔레트가 있었다는 거야."

수는 창가로 다가가서 아직도 잎이 붙어 있는 담쟁이덩굴을 바라보았다. 한참 동안 잎을 바라보던 수가 떨리는 목소리로 말했다.

"존시, 창밖을 봐. 저 담쟁이덩굴에 붙어 있는 마지막 잎새 말이야. 바람이 불어도 조금도 움직이질 않아. 좀 이상하지 않니?"

수는 영문을 모르는 존시에게 울먹이며 말했다.

"ⓛ 저게 베어먼 씨가 남긴 걸작이야. 마지막 잎새가 떨어져 버린 그날 밤, 베어먼 씨는 마지막 잎새를 그려 놓았던 거야!"

* 나폴리 만: 이탈리아 서쪽에 있는 만(육지 안쪽으로 바다가 깊숙이 들어온 곳).
* 쇠약해서: 건강을 잃어 약해져서.
* 영문: 일의 까닭.

1 이 소설의 배경인 마을의 이름을 쓰세요. |배경|

_____

2 이 글의 주제로 가장 알맞은 것을 고르세요. |주제|

① 꿈을 향한 열정과 용기.

② 폐렴의 위험성과 예방법.

③ 따뜻한 인간애와 희망의 중요성.

④ 식물을 사랑하는 마음과 생명의 위대함.

⑤ 예술 작품의 아름다움과 가치.

3 등장인물을 <u>잘못</u> 설명한 문장을 찾으세요. |인물|

① 수: 친구를 열심히 간호하며, 불쌍한 사람을 보면 안타까워한다.

② 존시: 큰 병에 걸린 초기부터 살아야겠다는 의지로 끝내 병을 이겨 낸다.

③ 베어먼: 존시를 위해 벽에 그림을 그리지만, 그 일로 인해 폐렴에 걸려 숨진다.

④ 의사: 환자의 상황을 친절하게 알려 주고, 환자를 편하게 해 주려 노력한다.

4 '그림을 그릴 때, 물감을 짜내어 섞기 위한 판'이라는 뜻의 낱말을 [라]에서 찾아 쓰세요. |어휘|

_____

5 이 글에 대한 설명으로 바르지 <u>않은</u> 것을 고르세요. | 내용 파악 |

① 수와 존시는 예술가 마을에 살았다.

② 존시와 베어먼 씨는 둘 다 폐렴을 앓았다.

③ 수는 담쟁이덩굴 잎이 모두 떨어지면 자신도 죽게 될 거라고 생각했었다.

④ 담쟁이덩굴 잎은 모두 떨어졌다.

⑤ 존시는 살았지만 베어먼 씨는 죽었다.

6 베어먼 씨의 꿈은 무엇인가요? | 내용 파악 |

① 죽어가는 사람을 살리는 것.

② 미국의 최고 화가가 되는 것.

③ 담쟁이덩굴 잎이 떨어질 때까지 사는 것.

④ 나폴리 만을 그리는 것.

⑤ 걸작을 그리는 것.

7 ㉠은 어떤 일인가요? | 내용 파악 |

① 의사가 되는 일.　　　② 존시가 죽는 일.　　　③ 수가 떠나는 일.

④ 건강이 회복되는 일.　　⑤ 담쟁이덩굴 잎이 모두 떨어지는 일.

8 ㉡에서, 베어먼 씨가 그린 것은 무엇인가요? | 내용 파악 |

① 뉴욕의 예술가 마을.

② 낡은 벽돌집.

③ 어느 소설의 삽화.

④ 이탈리아의 나폴리 만.

⑤ 담쟁이덩굴의 잎사귀.

9 삶의 희망을 되찾은 존시가 그리고 싶다고 한 것은 무엇인가요? [라]에서 찾아 쓰세요. ㅣ내용 파악ㅣ

_____

10 [나]에 드러난 존시의 성격을 가장 잘 나타낸 문장을 찾으세요. ㅣ추론ㅣ

① 남들의 말을 쉽게 믿고 그대로 따른다.

② 힘든 일이 닥쳐도 희망을 품고 꿋꿋이 살려는 용기가 있다.

③ 자연을 사랑하는 마음이 강하다.

④ 자신에게 닥친 어려움을 극복하려고 노력하지 않고 쉽게 포기하려 든다.

⑤ 모든 일을 긍정적으로 생각하여 상황을 극복해 나간다.

11 수가 ⓒ이라고 말한 까닭은 무엇인가요? ㅣ추론ㅣ

① 존시에게 다시 삶의 의욕을 불러일으킨 그림이었기 때문에.

② 베어먼이 마지막으로 그린 그림이기 때문에.

③ 수와 존시가 진짜라고 속을 정도로 무척 잘 그렸기 때문에.

④ 비바람 속에서도 지워지지 않았기 때문에.

⑤ 비바람을 맞으며 힘들게 그린 그림이기 때문에.

12 베어먼 씨가 죽은 까닭으로 가장 알맞은 것을 고르세요. ㅣ추론ㅣ

① 비바람 속에서 그림을 그리다가 사다리에서 떨어져서.

② 추운 가을날, 비바람 속에서 그림을 그리다가 폐렴에 걸려서.

③ 존시를 간호하다가 폐렴이 옮아서.

④ 먹을 것이 없어 건강이 약해져 폐렴에 걸려서.

⑤ 존시처럼 삶의 희망을 잃어서.

13 [나]와 [라]에서 담쟁이덩굴 잎을 본 존시의 감정이 어떻게 변했나요? | 추론 |

① 감동 → 분노

② 희망 → 좌절

③ 절망 → 희망

④ 절망 → 슬픔

⑤ 슬픔 → 절망

14 이 글과 같은 소설은 대체로 다음과 같이 구성되어 있습니다. 소설의 구조에 맞게 차례대로 번호를 쓰세요. | 구조 |

소설은 대부분 어떤 사건이 생기기 시작하여 그것이 점점 커지다가 해결되는 방식으로 구성되어 있다. '발단'은 사건이 시작되기 전으로, 시간적·공간적 배경과 등장인물을 설명한다. '전개'는 갈등이 생기기 시작하며 사건이 본격적으로 펼쳐지는 단계다. '위기'에서는 갈등이 심해지며 사건이 점점 커진다. '절정'은 갈등과 사건의 심각도가 최고에 이르는 단계다. 마지막 '결말'에서는 모든 갈등이 사라져 사건이 해결되고 이야기가 마무리된다.

① 예술가 마을에 폐렴이 돌아, 존시가 폐렴에 걸린다.

② 떨어지지 않은 마지막 잎새를 보며, 존시가 삶의 희망을 품는다.

③ 수와 존시는 뉴욕의 예술가 마을에서 함께 산다.

④ 담쟁이덩굴 잎 하나가 매달려 있던 밤 비바람이 매섭게 몰아친다.

⑤ 담쟁이덩굴 잎이 모두 떨어지면 자신도 죽을 거라고 존시가 수에게 말한다.

발단		전개		위기		절정		결말
	→		→		→		→	

내가 뤼브롱 산에서 양을 ㉠치던 시절이었다. 나는 양치기 개 라브리와 양 떼하고만 지낼 뿐, 사람들은 만나기 힘들었다. 가끔 약초를 캐러 가는 수도자들이나, 피에몽에서 온 새까만 얼굴의 숯장수들과 마주치는 정도가 전부였다. 하지만 모두 순박한 사람들이어서 말수가 적었고, 산 아랫마을이나 도시에서 벌어지는 일들에 대해서는 전혀 모르고 있었다.

그래서 2주일에 한 번씩 음식을 싣고 올라오는 노새의 방울 소리가 들리면 나는 뛸 듯이 기뻤다. 또 농장 꼬마 미아로의 귀여운 얼굴이나 노라드 아주머니의 갈색 모자가 산등성이 위로 조금씩 보이면 무척 반가웠다. 그때마다 나는 아랫마을의 누가 세례를 받았는지, 또 누가 결혼을 하였는지, 마을에서 일어난 일을 꼬치꼬치 캐묻곤 하였다.

그러나 내가 가장 묻고 싶은 것은, 우리 주인집 따님 스테파네트 아가씨의 소식이었다. 아가씨는 우리 고장에서 가장 예뻤기 때문이었다. 하지만 나는 별로 관심이 없는 척하면서, 아가씨가 요즘 잔치나 모임에 자주 나가는지, 그리고 여전히 잘생기고 멋진 신사들이 아가씨의 환심을 사려고 몰려드는지 넌지시 물어보았다.

만약 누군가가 나에게, 양이나 치는 가난한 목동이 그런 일들을 알아 무슨 소용이 있느냐고 묻는다면, 그때 나는 겨우 스무 살이었고, 스테파네트 아가씨는 내가 지금까지 본 사람 중에서 가장 아름다웠다고 대답할 것이다.

보름치의 식량이 올라오는 일요일이었다. 그날따라 식량이 아주 늦게 도착했다. 오전에는 대미사를 지내고 오기 때문일 거라고 생각했다. 그렇게 점심때가 되자 소나기가 쏟아졌다. 그래서 이번에는 길이 나빠져서 노새가 움직이지 못했을 거라고 생각하고 마음을 달래고 있었다.

오후 세 시쯤 되자 비가 그치고 하늘이 맑게 개었다. 비에 젖은 산이 햇빛에 반짝일 때, 나뭇잎에서 물방울이 떨어지는 소리와 불어난 시냇물이 넘쳐흐르는 소리에 섞여 노새의 방

* 수도자: 가톨릭에서, 깨달음을 얻으려고 결혼을 하지 않고 종교를 공부하며 훈련하는 사람.
* 노새: 말 암컷과 당나귀 수컷 사이에서 태어난 동물. 몸이 튼튼하고 힘이 세다.
* 환심을 사려고: 남의 마음에 들려고.
* 대미사: 성대하게 지내는 미사(가톨릭 성당에서 신을 받들어 치르는 행사).

울 소리가 들려왔다. ⓒ 마치 부활절에 울려 퍼지는 성당 종소리처럼 경쾌하게 들렸다.

그런데 노새를 타고 온 사람은 꼬마 미아로도, 노라드 아주머니도 아니었다. 소나기로 더욱 싱싱해진 숲 사이로, 식량을 실은 노새 위에 앉아 오는 사람은, 바로 장미처럼 예쁜 스테파네트 아가씨였다.

아름다운 스테파네트 아가씨는 노새에서 내리며 자신이 온 이유를 설명했다. 미아로는 아프고, 노라드 아주머니는 휴가를 내어 자식들을 만나러 갔다고 했다. 그리고 오는 도중에 길을 잃어서 늦었다고도 했다. 하지만 꽃 리본과 화려한 레이스로 머리를 단장한 아가씨는, 숲속에서 길을 찾아 헤맨 것이 아니라 어느 무도회에 가서 놀다가 늦은 것처럼 예쁘게만 보였다.

아무리 바라봐도 내 눈은 지칠 줄 몰랐다. 사실 아가씨를 이렇게 가까이에서 본 적이 없었다. 나는 겨울철에만 양 떼를 몰고 산 아래 농장에 내려가 생활한다.

그 농장에서 저녁을 먹으러 가다가 가끔 아가씨가 마주치는 일은 있었다. 하지만 아가씨는 늘 아름답게 차려입고는 약간 거만하게 지나갈 뿐, 하인들에게는 결코 말을 걸지 않았다. 그런데 지금, 그 스테파네트 아가씨가 오직 나 하나만을 위해서, 이렇게 내 앞에 있는 것이다. 그러니 나는 넋을 잃고 바라볼 수밖에 없었다.

아가씨는 노새 등에서 식량을 끌어내린 뒤, 신기한 듯이 주위를 둘러보았다. 예쁜 옷에 때가 묻지 않도록 치맛자락을 살짝 들고는 양 울타리 안으로 들어갔다. 그리고 내가 지내는 방, 짚과 양 모피가 깔려 있는 내 잠자리를 보았다. 또 벽에 걸린 모자 달린 외투와 채찍, 구식 사냥총을 보고 재미있어했다.

"그래, 여기서 혼자 산단 말이지? 가엾어라. 늘 혼자 있으니 얼마나 심심할까. 무슨 일을 하고, 무슨 생각을 하며 지내?"

'아가씨, 당신을 생각하면서요.'

그렇게 대답하고 싶었다. 사실, 그렇게 말해도 거짓은 아니었다. 하지만 나는 너무 당황하여 한마디도 할 수 없었다. 아가씨는 내 마음을 눈치채고도, 일부러 장난스러운 질문을 던져 쩔쩔매는 내 모습을 보며 즐거워하는 것 같았다.

"가끔 여자친구가 찾아오겠네? 여자친구가 오면 황금빛 산양이나 산봉우리 위로 날아다니는 요정처럼 예뻐 보이겠다."

이렇게 말하며 머리를 뒤로 젖히고 웃는 몸짓이라든지, 오자마자 금방 가 버리는 아가씨

* 모피: 털이 그대로 붙어 있는, 동물의 가죽.

야말로 내게는 요정 같아 보였다.

"목동아, 잘 있어."

"조심히 가세요, 아가씨."

아가씨가 비탈길로 사라지고 노새의 발굽에 차이는 돌멩이 소리가 들려왔다. ⓒ 마치 그 돌멩이 하나하나가 내 심장에 떨어지는 것 같았다. 나는 오래도록 그 돌멩이 구르는 소리에 귀를 기울이고 있었다. 해가 질 때까지 그 애틋한 꿈이 사라질까 두려워 꼼짝도 하지 않았다.

저녁이 되자 골짜기가 짙은 푸른 빛을 띠기 시작하였다. 양들이 울면서 서로를 밀치며 우리로 들어올 때, 언덕 아래에서 누군가가 나를 부르는 소리가 들렸다. 곧 스테파네트 아가씨의 모습이 나타났다.

하지만 아까의 웃는 모습은 사라지고, 물에 젖은 옷을 입은 채 추위와 두려움으로 오들오들 떨고 있었다. 아마 소나기에 불어난 강을 건너다가 물에 빠진 모양이었다. 하지만 더욱 난처한 일은, 이제 저녁이 되어 농장으로 돌아가기 어려워졌다는 것이었다. 지름길로 간다고 해도 아가씨는 길도 모르고, 나는 양 떼를 내버려 두고 떠날 수 없기 때문이었다.

아가씨는 몹시 불안해했다. 산에서 밤을 새워야 하며, 또 그래서 가족들이 걱정할 것이기 때문이었다. 나는 최선을 다해 아가씨를 안심시키려 했다.

"아가씨, 7월은 밤이 짧아요. 조금만 참으면 돼요."

나는 시냇물에 흠뻑 젖은 아가씨의 옷과 발을 말려 주려고 얼른 불을 피웠다. 그리고 우유와 치즈를 가져다주었다. 하지만 아가씨는 불을 쬐려고도, 음식을 먹으려고도 하지 않았다. 눈물이 맺혀 있는 눈을 보고 나도 울고 싶어졌다.

그러는 사이에 밤이 되었다. 산꼭대기에서는 희미한 저녁노을만이 어스름하게 보일 뿐이었다. 아가씨에게 울타리 안으로 들어가 쉬라고 하고, 나는 새 짚 위에 한 번도 쓰지 않은 새 양 모피를 깔아 주었다. 그러고는 잘 자라는 인사를 나누고 밖으로 나왔다. 지저분하지만, 내가 마련해 놓은 울타리 안에서, 양처럼 순수한 아가씨가 내 보호를 받으면서 마음 놓고 쉬고 있다는 생각에 뿌듯했다. ⓔ 밤하늘이 그토록 아늑하고, 별들이 그토록 찬란하게 보인 적이 없었다.

그런데 갑자기 양 우리의 문이 열리고 아가씨가 나왔다. 양들이 뒤척이며 짚을 비비는 소리, 잠결에 내는 울음소리 때문에 모닥불 옆에 앉아 있는 편이 차라리 낫겠다고 생각한 모양이었다.

나는 양 모피를 벗어 아가씨 어깨 위에 덮어 주고 모닥불이 더욱 잘 타오르도록 부채질을 했다. 우리 둘은 서로 아무 말도 없이 나란히 앉아 있었다.

누구든 아름답게 별이 빛나는 하늘 아래서 밤을 지새운 일이 있다면 알 것이다. 밤의 고독과 고요 속에서 신비로운 세계가 눈 뜬다는 사실을 말이다. 그때쯤이면 샘물은 더 맑은 소리로 노래를 부르고, 연못에는 자그마한 불꽃들이 반짝이며, 산에 있는 모든 요정이 자유롭게 날아다닌다. 대기에는 마치 나뭇가지나 풀잎이 쑥쑥 자라는 소리 같은 이상한 소리가 들릴 듯 말 듯 생겨난다.

낮이 생물들의 세상이라면 밤은 사물들의 세상이다. 밤의 세상에 익숙하지 않은 사람은 무서움을 느낄 수도 있다. 그래서 아가씨는 어쩌다 바스락거리는 소리만 들려도 소스라치며 내게 바짝 다가와 앉았다. 한 번은 연못 쪽에서 쓸쓸한 소리가 길게 메아리쳐 왔다. 바로 그때 별똥별 하나가 우리 머리 위를 지나갔다. 마치 우리가 조금 전에 들은 그 소리가 한 가닥 빛을 이끌고 지나가는 것 같았다.

"저게 뭘까?"

스테파네트 아가씨가 낮은 목소리로 물었다.

"천국으로 들어가는 영혼이에요."

대답하며 성호를 그었다. 아가씨도 나를 따라 성호를 긋고는 하늘을 쳐다보며 생각에 잠겼다. 그리고 불쑥 이렇게 물었다.

"이런 데에 사는 목동들은 모두 마법사라면서?"

"아니에요, 아가씨. 하지만 남들보다는 별들과 더 가까이 지내고 있지요. 그래서 산 아랫마을에 사는 사람들보다는 별에서 일어나는 일을 더 잘 알고는 있어요."

양가죽을 두르고 한 손으로 턱을 고인 채 여전히 하늘을 바라보고 있는 아가씨의 모습은, 마치 하늘나라의 귀여운 목동 같았다.

"어쩌면 저렇게 별이 많지? 정말 아름답다! 저렇게 많은 별을 보는 건 처음이야. 넌 저 별들의 이름을 다 알고 있니?"

"물론이죠. 아가씨, 잘 보세요. 바로 우리 머리 위에 있는 것이 은하수랍니다. 프랑스에서 스페인까지 곧장 뻗어 있어요."

나는 은하수부터, 오리온 별자리, 북두칠성, 천왕성, 토성 등 내가 알고 있는 별 이야기를 한껏 알려 주었다.

* 성호: '성스러운 표시'라는 뜻으로, 천주교를 믿는 사람들이 손으로 가슴에 그리는 십자가.

"어머! 별들도 결혼을 해?"

"그럼요."

별들의 결혼이라는 게 무엇인지 알려 주려고 할 때, 무엇인가가 내 어깨에 살며시 얹히는 느낌이 들었다. 그건 잠이 들어 가만히 기대 온 아가씨의 머리였다. 리본과 레이스, 그리고 곱슬곱슬한 머리카락이 부드럽게 느껴졌다. 아가씨는 ⓜ 하늘의 별들이 빛을 잃고 희미해질 때까지 움직이지도 않고 그대로 기대고 있었다.

나는 그 잠든 얼굴을 지켜보며 밤을 꼬박 새웠다. 가슴이 두근거렸지만 그래도 맑은 밤하늘 덕분에 아름다운 생각만 할 수 있었다.

우리 주위에는 별들이 마치 양 떼처럼 조용하고 평화롭게 갈 길을 계속 가고 있었다. 그리고 나는 저 ⓗ 별들 가운데 가장 곱고 가장 빛나는 별 하나가 길을 잃고 내 어깨에 내려앉아 잠들어 있다고 생각했다.

(알퐁스 도데)

1 ㉠의 기본형은 '치다'입니다. 밑줄 친 낱말 중 ㉠과 같은 뜻으로 쓰인 것을 찾으세요. ┃어휘┃

① 나는 속도를 더 높이려고 채찍으로 말의 엉덩이를 <u>쳤다</u>.

② 하늘에서 갑자기 비가 쏟아지더니 천둥이 <u>쳤다</u>.

③ 우리는 계곡에 텐트를 <u>치고</u> 물놀이를 했다.

④ 외삼촌은 우리를 크게 지어 소 100마리를 <u>치고</u> 계신다.

⑤ 할아버지는 벌레를 없애려고 잔디에 농약을 <u>치셨다</u>.

2 ㉡과 같은 표현 방법이 쓰인 문장을 찾으세요. ┃표현┃

① 꽃처럼 예쁜 우리 누나.

② 우리 누나 얼굴은 예쁜 꽃이다.

③ 나뭇잎이 살랑살랑 손을 흔든다.

④ 꽃이 내리는 비를 마시고 꽃잎을 활짝 벌렸다.

⑤ 초록색 줄기가 곧게 뻗어 그 끝에 노란 꽃잎 다섯 장이 하늘을 향해 피어 있었다.

3 '나'가 가장 듣고 싶어 하는 것은 누구의 소식인가요? 이름을 찾아 쓰세요. **| 내용 파악 |**

_____

4 이 글과 <u>다른</u> 내용을 찾으세요. **| 내용 파악 |**

① '나'가 있는 곳에는 사람이 별로 다니지 않았다.

② 보통 '나'를 위해서 농장의 꼬마나 아주머니가 2주에 한 번씩 식량을 가져다준다.

③ 스테파네트는 무도회에 가서 놀다가 식량 가져다주는 일에 늦었다.

④ 스테파네트는 산에서 마을로 내려가는 지름길을 몰랐다.

⑤ 스테파네트는 '나'가 준비해 놓은 잠자리에서 잠들지 못했다.

5 이 글의 중심 생각으로 가장 알맞은 것을 고르세요. **| 주제 |**

① 자연 속에서 별을 바라보며 살아가는 목동의 평화로운 생활.

② 스테파네트 아가씨처럼 예쁜 여자친구를 사귀고 싶은 마음.

③ 별, 산, 나무 등으로 둘러싸인 뤼브롱 산의 아름다운 자연환경.

④ 스테파네트 아가씨에 대한 목동의 아름답고 순수한 사랑.

⑤ 개, 양, 노새 같은 동물을 사랑하는 마음.

6 ⓒ의 뜻으로 가장 알맞은 것을 고르세요. **| 표현 |**

① 노새의 발에 치여 주변으로 튀는 돌멩이 소리에 깜짝 놀랐다.

② 산사태(지진이나 화산 등으로 산의 바위나 흙이 갑자기 무너져 내리는 현상)가 나타났다.

③ 노새의 발에 치여 튄 돌멩이가 '나'의 가슴에 맞았다.

④ '나'를 두고 가는 스테파네트가 미웠다.

⑤ 스테파네트와 계속 함께 있을 수 없어 아쉬웠다.

7 ㉣에 담긴 '나'의 마음으로 가장 알맞은 것을 고르세요. **|추론|**

① 별이 찬란하게 보일 만큼 하늘이 맑아서 기분이 상쾌했다.

② 사랑하는 사람을 지킬 수 있어 기뻤다.

③ 밤하늘의 별을 보니 즐거워졌다.

④ 아가씨가 금방이라도 떠날 것 같아 불안했다.

⑤ 집에 가지 못하고 불안해하는 모습을 보니 걱정스러웠다.

8 ㉤은 다음 중 언제를 뜻하나요? **|표현|**

① 해가 조금씩 떠오르는 새벽.　　② 해가 가장 높이 뜬 점심 무렵.

③ 해가 서쪽으로 기울어지는 오후.　④ 노을이 지는 저녁.

⑤ 해가 지고 깜깜한 밤.

9 ㉥은 무엇을 뜻하나요? **|추론|**

① 별똥별　　　　　　　　② 자연

③ 양 한 마리　　　　　　④ 나

⑤ 스테파네트

10 이 글을 가장 잘 읽은 사람을 고르세요. **|감상|**

① 성진: 나도 주인공 목동처럼 산에서 조용히 혼자 살고 싶어.

② 승윤: 산에는 요정이 진짜 사는지 궁금해졌어.

③ 정민: 나도 목동처럼 자연을 사랑하고 지키며 살아갈래.

④ 은지: 좋아하는 사람을 위해 무엇이든 해 주려는 마음이 진실하게 느껴져.

⑤ 현경: 좋아한다는 말도 제대로 못하는 목동의 모습이 답답해.

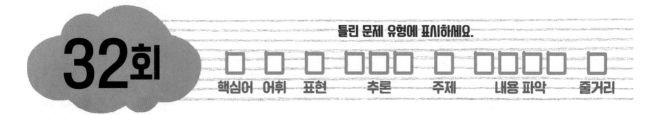

[가]

산골 마을에는 '큰 바위 얼굴'이라고 불리는 바위가 있었다. 멀리서 보면, 마을을 둘러싼 산의 바위가 너그럽고 인자한 사람의 얼굴처럼 생겨서 붙은 이름이다. 사람들은 마을이 풍요로운 것도, 아이들이 밝고 따뜻한 마음을 지니고 살아가는 것도 큰 바위 얼굴의 자애로움 덕분이라 믿었다. 큰 바위 얼굴에 얽힌 예언도 전해 왔다. 이 마을에서 한 아이가 태어나, 큰 바위 얼굴을 닮은 위대한 인물이 될 것이라는 이야기였다.

그 마을에 어니스트라는 아이가 살았다. 어니스트는 어머니께 큰 바위 얼굴에 관한 예언을 들은 후 한시도 그 말을 잊지 않았다. 어니스트는 상냥하고 훌륭한 소년으로 자랐다. 밭일로 얼굴은 그을었지만 좋은 학교에 다니는 다른 아이들보다 훨씬 지혜로웠다. 어니스트의 선생님은 오직 큰 바위 얼굴뿐이었다. 하루 일이 끝나면 큰 바위 얼굴을 보며 생각에 잠기곤 했다.

그즈음 마을에 큰 바위 얼굴을 닮은 사람이 나타났다는 소문이 떠돌았다. 그 주인공은 오래전에 고향을 떠나 항구에서 큰돈을 번 상인 개더골드였다. 사람들은 예언이 이루어졌다고 기뻐하며, 그가 너그러운 마음으로 어려운 이웃을 돌봐 줄 것으로 믿었다.

[나]

구불구불한 길을 달려오는 마차의 바퀴 소리가 들렸다.

"저기 개더골드 씨께서 오신다!"

누군가의 외침에 사람들이 일제히 몰려갔다.

네 마리 말이 끄는 마차가 힘차게 달려오고 있었다. 마차 안에는 창밖으로 몸을 반쯤 내

---

* 자애로움: 아랫사람에게 베푸는 깊은 사랑과 정.
* 항구: 바닷가에 배가 드나들 수 있게 만든 곳.

민 노인이 앉아 있었다. 그의 피부는 누런 황금빛이었다. 이마는 좁고 눈은 가늘었으며, 눈가에는 주름이 잔뜩 잡혀 있었고, 입술은 얄팍했다.

"큰 바위 얼굴 그대로야!"

"예언이 맞았어. 드디어 위대한 사람이 나타난 거야."

사람들은 흥분하여 외쳤다. 그러나 어니스트가 보기에는 조금도 닮아 보이지 않았다.

마침 길가에 거지들이 있었다. 그들은 개더골드를 향해 적선해 달라고 아우성쳤다. 개더골드는 거지들에게 겨우 동전 몇 푼을 떨어뜨렸다.

"큰 바위 얼굴과 똑같아."

사람들은 외쳤지만, 어니스트는 욕심에 가득 찬 개더골드의 얼굴에 실망하여 고개를 돌렸다. 그러고는 산을 바라보았다. 거기에는 햇빛을 받고 맑게 빛나는 큰 바위 얼굴이 보였다. 그 인자한 모습이 이렇게 말하는 듯했다.

"걱정하지 마라, 어니스트야. 그는 반드시 나타날 것이다."

[다]

세월이 흘러 어니스트는 청년이 되었다. 어니스트는 부지런하고 성실했다. 하루 일을 마치면 큰 바위 얼굴을 바라보며 자신의 삶을 돌아보았고, 큰 바위 얼굴에 드러난 인자함을 보며 마음을 넓고 따뜻하게 키워갔다.

그즈음 개더골드가 죽었다. 그 많던 재산은 그가 죽을 때쯤 사라져 버렸다. 그제야 사람들은 개더골드가 큰 바위 얼굴을 전혀 닮지 않았다고 했다.

몇 해가 지나 조용하던 마을에 다시 소문이 돌았다. 이 마을에서 태어난 올드 블러드 앤드 선더 장군이 큰 바위 얼굴을 닮았다는 것이다. 장군이 온다는 소식에 사람들이 몰려들었다. 사람들은 장군이 큰 바위 얼굴을 닮았다고 소리쳤다. 수많은 전투에서 승리한 얼굴에는 힘이 넘쳤고 강한 의지가 돋보였다. 그러나 온화하고 선량한 모습은 찾아볼 수 없었다. 어니스트는 사람들 사이를 빠져나오며 한숨을 지었다.

세월이 흘러 어니스트도 중년이 되었다. 그는 여전히 산골 마을에서 열심히 일하며 살아갔다. 착한 마음을 지니고 살아서인지 그의 표정은 온화했으며, 행동은 소박하고 겸손했

* 적선: 돈이나 먹을 것을 남에게 구걸하는 사람에게 그러한 것을 주는 일.

* 인자한: 마음이 너그럽고 따뜻한.

* 선량한: 착하고 순한.

* 중년: 마흔 살 안팎의 나이.

다. 사람들은 차츰 어니스트 주위에 몰려들기 시작했고, 그는 자신도 모르게 설교자가 되었다. 맑고 소박한 생각이 담긴 이야기에 사람들은 감동했다. 그 사이 사람들은 올드 블러드 앤드 선더 장군이 큰 바위 얼굴과 닮지 않았다는 것을 알게 되었다.

그리고 얼마 후, 큰 바위 얼굴을 닮은 사람이 나타났다는 소문이 또 들려왔다. 그 사람은 정치인 올드 스토니 피즈였다. 올드 스토니 피즈는 말솜씨가 뛰어나 마음만 먹으면 옳은 것도 그르게 만들고, 그른 것도 옳게 만들었다. 말재주를 이용해 많은 사람을 감동시켰고, 마침내 대통령 후보까지 오르게 되었다. 그가 마을을 방문한다는 소식에 사람들은 거리로 나왔다. 움푹 파인 눈과 높은 이마는 대담하고 힘차 보였지만, 큰 바위 얼굴이 지닌 아름다운 모습과 자애로운 표정은 찾아볼 수 없었다. 오히려 권력과 명예만을 좇다 지친 우울한 빛이 감돌고 있었다. 어니스트는 실망하여 돌아섰다.

세월이 흘러 어니스트의 ㉠머리에는 서리가 내렸고, 얼굴에는 주름이 잡혔다. 하지만 나이가 든 만큼 겸손과 지혜를 갖추어 사람들의 존경을 받았다. 어니스트와 이야기를 나누고자 유명한 사람들이 골짜기 마을을 찾아오기도 했다. 어니스트는 상대가 누구건 친절하고 성실하게 맞이했다.

그즈음 이 마을 출신의 시인에 대한 소문이 돌기 시작했다. 그는 어릴 때 보았던 산봉우리가 시를 쓰는 데에 많은 영향을 주었다고 했다. 시인의 시는 웅장하고 아름다웠으며 기품 있었다. 어니스트는 하루 일이 끝나면 오두막에 앉아 그의 시를 읽었다. 그리고 그 시인이 바로 예언의 주인공이라고 생각했다. 시인도 소문을 통해 어니스트를 잘 알고 있었다. 시인은 자신의 신분을 숨긴 채 어니스트를 찾아갔다. 어니스트는 다정한 얼굴로 손님을 맞았다. 두 사람은 이야기를 주고받으며 서로에게 감동 받았다. 그때까지 어니스트는 자신을 찾아온 사람이 시인이라는 것을 알지 못했다.

[라]

"이렇게 훌륭하신 당신은 대체 누구십니까?"

어니스트가 물었다. 시인은 어니스트가 읽고 있던 책을 가리켰다.

"당신이 이 시를 읽으셨다면 저를 잘 아실 겁니다. 그 시들은 제가 쓴 거니까요."

어니스트는 그 말을 듣고 시인의 모습을 자세히 살폈다. 그리고 큰 바위 얼굴을 보았다.

* 설교자: 어떤 일에 대해 자기 생각을 말하거나, 종교의 가르침을 설명하는 사람.
* 서리: 기온이 떨어져 공기 중에 있는 수증기가 물체의 표면에 얼어붙은 것.
* 기품: 작품이나 사람에게서 느껴지는 점잖고 훌륭한 분위기.

그렇게 번갈아 보던 어니스트는 마침내 침통한 표정으로 고개를 저었다.

"저는 일생 동안 예언이 실현되기를 기다려 왔습니다. 이 시를 읽으면서 이분이야말로 예언을 실현해 줄 분이 아닐까 생각했습니다."

어니스트는 실망한 빛을 감추지 못했다. 그의 말에 시인은 미소를 띠며 말했다.

"제가 큰 바위 얼굴과 닮기를 바랐다가 실망하신 거로군요. 개더골드 씨나 올드 블러드 앤드 선더 씨, 올드 스토니 피즈 씨처럼요. 저도 그 사람들 정도밖에 안 되는 사람입니다. 인자하고 지혜로운 큰 바위 얼굴과 비교할 만큼 훌륭하지는 않습니다."

"왜 그렇습니까, 이 시집에 담긴 생각이 진실하지 않단 말씀입니까?"

"물론 그 시에는 훌륭한 생각이 담겨 있습니다. 하지만 제 생활은 시에서 말한 것과 달랐습니다. 시에서 노래한 것과 제 생활을 일치시키려는 꿈이 있었지만 이루지 못했습니다. 시를 통해 아름다움을 노래하면서도 제 생활은 불성실했습니다."

ⓒ 시인의 뺨에 눈물이 흘러내렸다. 어니스트의 눈에도 눈물이 고였다.

그날 저녁, 어니스트는 마을 사람들에게 강연을 하기로 되어 있었다. 어니스트는 시인과 함께 이야기를 주고받으며 강연 장소로 향했다. 뒤쪽은 절벽으로 둘러싸이고 앞쪽은 환하게 트인 빈터였다. 어니스트는 부드럽고 온화한 얼굴로 사람들을 둘러본 뒤, 마음속에 있는 생각을 이야기하였다. 그의 말은 그의 생각처럼 힘이 있었다. 그의 생각은 그가 살아온 삶과 같아 깊이와 진실성이 있었다. 그의 말은 단순한 생각이 아니라 진리였다. 그의 한마디 한마디에는 순수함과 고귀함이 담겨 있었다.

그의 이야기에 귀를 기울이고 있던 시인은 어니스트의 온화하고 다정한 인격이 자기가 쓴 어떤 시보다 더 진실하다고 느꼈다. 온 세상을 끌어안은 듯이 자비로운 모습을 보는 순간 시인은 흥분된 얼굴로 팔을 높이 치켜들고 소리쳤다.

"여러분, 보시오! 어니스트야말로 큰 바위 얼굴과 똑같습니다."

사람들은 어니스트와 큰 바위 얼굴을 번갈아 쳐다보았다. 그러고는 시인의 말이 사실인 것을 깨닫고 어니스트를 향해 환호성을 질렀다.

"드디어 예언이 실현되었다. 어니스트가 바로 큰 바위 얼굴이다!"

그러나 강연이 끝나고 시인과 함께 집으로 돌아가며, 어니스트는 아직도 자기보다 더 착하고 인자한 사람이 큰 바위 얼굴과 같은 모습으로 나타날 것이라고 생각했다.

* 침통한: 슬픔이나 걱정 등으로 마음이 몹시 무겁고 어두운.
* 강연: 어떤 주제로 여러 사람 앞에서 자신의 생각을 말하는 것.

1 이 글의 소재로, 너그럽고 인자함을 상징하고 있는 것은 무엇인가요? | 핵심어 |

① 어니스트의 어머니　　　② 큰 바위 얼굴　　　③ 어니스트의 얼굴
④ 산골 마을　　　　　　　⑤ 산봉우리

2 '앞일을 미리 짐작하여 말하는 것'의 뜻을 지닌 낱말을 [가]에서 찾아 쓰세요. | 어휘 |

_____

3 ㉠의 뜻으로 알맞은 것을 고르세요. | 표현 |

① 머리카락에 먼지가 내려앉았고.
② 나이가 들어 머리카락이 하얗게 변했고.
③ 날씨가 갑자기 추워졌고.
④ 나이가 들어 머리카락이 많이 빠졌고.
⑤ 머리에 눈이 쌓였고.

4 개더골드의 인색함을 알 수 있는 문장을 [나]에서 찾아 쓰세요. | 추론 |

_____

5 마을 사람들이 어니스트에게서 받은 느낌과 거리가 먼 것을 고르세요. | 추론 |

① 따뜻함　　　　　　② 겸손함　　　　　　③ 성실함
④ 유쾌함　　　　　　⑤ 인자함

6 이 글의 주제를 정리한 문장입니다. 괄호 안에 들어갈 말을 고르세요. | 주제 |

> 정말 위대한 것은 돈이나 명예, 권력이 아니다. 자기 성찰을 통해 얻은 (   )
> 을 (   )으로 옮기는 것이다.

① 기억, 믿음　　　　② 믿음, 마음　　　　③ 생각, 행동
④ 행동, 믿음　　　　⑤ 생각, 마음

7 '큰 바위 얼굴'의 예언은 무엇인가요? | 내용 파악 |

① 큰 바위 아래에서 한 아이가 태어날 것이다.
② 이 마을에서 살면 큰 바위 얼굴처럼 성격이 좋아질 것이다.
③ 이 마을의 아이들은 자라서 큰 바위 얼굴을 닮아 갈 것이다.
④ 큰 바위 얼굴을 닮은 아이들은 모두 권력과 명예를 얻을 것이다.
⑤ 이 마을에서 큰 바위 얼굴을 닮은 한 아이가 태어나서 위대한 사람이 될 것이다.

8 아래의 인물이 '큰 바위 얼굴'을 닮지 않은 까닭을 바르게 연결하세요 | 내용 파악 |

(1) 개더골드 ●		● 온화함과 선량함이 없다.
(2) 올드 블러드 앤드 선더 ●		● 생각과 생활이 다르다.
(3) 올드 스토니 피즈 ●		● 인색하고 욕심이 많다.
(4) 시인 ●		● 권력과 명예만을 좇는다.

9 '큰 바위 얼굴' 예언을 실현한 사람은 누구인가요? **| 내용 파악 |**

_____

10 이 글의 내용과 맞는 것에 O, 틀린 것에는 X 하세요. **| 내용 파악 |**

① 어니스트에게 가르침을 준 훌륭한 선생님은 어머니였다. ( )

② 개더골드는 자신의 전 재산을 가난한 이웃들을 위해 썼다. ( )

③ 올드 스토니 피즈는 뛰어난 말재주로 대통령 후보가 되었다. ( )

④ 어니스트가 시인에게 실망한 까닭은 다른 사람의 시를 베꼈기 때문이다. ( )

⑤ 예언의 인물을 알아보고 찾아낸 사람은 시인이다. ( )

11 ⓛ의 까닭으로 가장 알맞은 것을 고르세요. **| 추론 |**

① 자기가 예언의 인물이 아니라서.

② 어니스트의 말에 감동 받아서.

③ 예언은 처음부터 거짓말이었음을 알게 되어서.

④ 자신의 시와 다르게 살아온 지난날이 후회스러워서.

⑤ 어니스트가 자신에게 실망한 것이 속상해서.

12 빈칸에 알맞은 말을 넣어 이 글의 줄거리를 완성하세요. **| 줄거리 |**

> 어니스트는 ( )을 스승으로 삼아, 착하고 아름다운 마음으로 살면서 큰 바위 얼굴을 닮은 사람이 나타나기를 기다렸다. 상인 개더골드, ( ), ( ), 시인 등이 마을 사람들에게서 큰 바위 얼굴을 닮았다는 말을 들었다. 하지만 그 누구도 큰 바위 얼굴을 닮지 않았다. 어느 날, 연설하는 어니스트의 모습을 보고, ( )은 어니스트가 큰 바위 얼굴을 닮았다고 소리쳤다. 하지만 어니스트는 집으로 돌아가면서 자기보다 더 훌륭한 사람이 큰 바위 얼굴을 하고 나타날 것이라고 생각했다.

이 글은 영국의 작가 ㉠ [ㅤㅤㅤㅤㅤ] 가 쓴 〈베니스의 상인〉이다.

[가], [라]는 글의 앞과 뒷부분을 요약한 것이고, [나], [다]는 그 사이의 중요 부분을 옮긴 것이다.

[가]

이탈리아의 베니스에 두 상인이 살고 있었다. 샤일록은 사람들에게 돈을 빌려주면 빚을 갚으라고 독촉하며, 돈이 없는 사람에게도 이자를 받아 가며 돈을 벌었다. 젊은 상인 안토니오는 어려운 사람에게는 돈을 빌려주고도 이자를 받지 않았다. 사람들은 안토니오를 존경했다. 하지만 이 둘은 서로를 무척 싫어했다.

안토니오의 친구 바사니오는 사치를 즐겼다. 부모에게서 물려받은 재산도 다 써 버리고 돈이 없어 안토니오의 도움을 받고는 했다.

바사니오는 마음씨가 고운 부잣집 딸 포셔에게 청혼하려 했지만 돈이 없었다. 그래서 친구 안토니오에게 3,000더컷이라는 큰돈을 빌려 달라고 했다. 하지만 마침 안토니오에게는 당장 빌려줄 돈이 없었다. 바사니오와 안토니오는 어쩔 수 없이 샤일록을 찾아갔다. 샤일록은 안토니오의 살 1파운드를 담보로 잡고 돈을 빌려주었다.

바사니오는 그 돈으로 포셔에게 청혼하였다. 포셔는 청혼을 받아들이면서 반지를 바사니오에게 주었다. 바사니오는 그 반지를 앞으로 언제까지라도 손가락에서 빼지 않겠다고 맹세했다.

그때 심부름꾼이 편지를 안토니오에게 건넸다. 편지에는 안토니오의 배가 난파했다는 내용이 적혀 있었다. 배에 실린 물건을 팔아 빚을 갚아야 하는데, 그럴 수 없게 되었다. 결국

* 상인: 장사를 하는 사람.
* 독촉: 일이나 행동을 빨리하도록 재촉함.
* 더컷: 과거 유럽 여러 국가가 사용한 금화의 단위.
* 파운드: 무게의 단위. 1파운드는 약 450그램.
* 담보: 돈을 빌린 사람이 제때 그 돈을 갚지 못했을 때, 돈 대신 받게 하는 물건.
* 난파: 배가 항해 중에 폭풍우 등을 만나 부서지거나 뒤집히는 것.

안토니오는 샤일록에게 제때 돈을 갚지 못하여 감옥에 갇혔다.

포셔는 그 사실을 알고, 자신의 돈으로 빚을 갚으라고 바사니오에게 말했다. 바사니오는 베니스에 도착하자마자 샤일록을 찾아가 돈을 갚겠다고 했다. 하지만 기회를 잡은 샤일록은 평소에 싫어했던 안토니오를 고소하여 죽이려 하였다.

포셔는 재판관인 친척에게 편지를 보내 자신이 대신 재판할 것을 허락 받았다. 포셔의 친척 재판관도 자신 대신 재판할 사람을 보내겠다고 총독에게 편지를 보내 허가를 받았다. 포셔는 하녀 네리사와 남장을 한 뒤, 자신은 재판관 옷으로 갈아입었다.

[나]

포셔는 샤일록에게 말했다. 법에 따르면, 샤일록에게는 계약서대로 안토니오에게서 살 1파운드를 떼어 낼 권리가 있다. 하지만, 인간에게는 자비심보다 더 귀한 것은 없으며, 그것은 하늘에서 땅에 내리는 은혜이기 때문에 자비를 베푸는 사람이나 받아들이는 사람 모두를 행복하게 한다고 말했다. 또 자비심은 무엇보다도 소중하다고도 강조했다.

그러나 샤일록은 오직 계약서에 쓰여 있는 대로 해야겠다고 주장할 뿐이었다. 포셔는 안토니오에게 물었다.

"당신은 돈을 갚을 수 있습니까?"

그러자 ⓒ 빌린 돈의 몇 곱절이라도, 샤일록이 원하는 대로 갚을 수 있다고 바사니오가 대신 대답했다. 그러나 샤일록은 기어코 안토니오의 살을 베어 가겠다는 것이었다. 바사니오는 너무 답답한 나머지 젊은 재판관에게 안토니오의 목숨을 구하기 위해 법률을 융통성 있게 적용해 달라고 부탁했다.

그러나 포셔는 재판관의 입장에서 일단 정해진 법률은 어길 수 없다고 대답했다. 이 말을 듣고, 샤일록은 재판관이 자기 편을 들어주는 줄 알고 좋아했다.

"ⓒ 오, 지혜로운 재판관님! 나이에 비해 어쩌면 그렇게 훌륭하십니까. 저는 당신을 존경합니다."

샤일록이 말했다. 포셔는 그에게 계약서를 보여 달라고 한 후 읽고 나서 말했다.

"이 계약서를 보니, 샤일록은 안토니오의 몸에서 살 1파운드를 베어 내도 상관없게 되어 있다. 그렇지만 샤일록, 상대방에게 한번 자비를 베풀어 주는 것이 어떤가? 차라리 돈을 받고 이 계약서를 찢어 버리는 게 좋지 않겠나?"

"그건 안 됩니다. 저는 이 계약서에 쓰여 있는 대로 하겠다고 하느님께 맹세했습니다. 맹세를 어기면 저는 천벌을 받을 겁니다. 저에게 베니스의 돈을 다 준다고 해도 안 됩니다."

[다]

"그럼 안토니오가 피를 흘려 죽어서는 안 되니, 의사를 불러오시오."

하지만 샤일록의 목적은 피를 많이 흘리게 해 안토니오의 목숨을 뺏는 것이었다.

"ⓛ 그건 계약서에 쓰여 있지 않습니다."

"그렇지만 그 정도의 인심은 쓸 수 있지 않소?"

"저는 계약서에 쓰여 있지 않은 일은 할 수 없습니다."

"그렇다면 할 수 없지요. 안토니오의 몸에서 살 1파운드를 베어도 좋소."

"ⓜ 오, 훌륭하신 재판관님!"

샤일록은 좋아서 어쩔 줄 몰라 하며, 긴 칼을 잡고 안토니오를 노려보았다.

"자, 살을 떼일 준비를 해라!"

그때 갑자기 포셔가 샤일록을 가로막았다.

"잠깐! 계약서를 보면, 피는 한 방울도 준다는 글이 쓰여 있지 않고, 살 1파운드만 떼어 낸다고 되어 있소. 따라서 만일 당신이 안토니오의 살을 베어 낼 때, 피를 한 방울이라도 흘리게 한다면 재산을 몰수하겠소."

안토니오의 몸에서 피를 한 방울도 흘리지 않고 살을 베어낼 수는 없는 일이었다. 그래서 안토니오는 계약서에 살에 대해서만 쓰여 있다는 것을 발견한 포셔의 지혜로 목숨을 건지게 되었다.

법정에 모여 있던 사람들은 재판관의 지혜에 크게 감탄했다. 바사니오의 하인 그레시아노가 외쳤다.

"ⓗ 오, 훌륭하신 재판관님! 샤일록, 판결을 잘 들었나?"

샤일록은 자기의 계획이 실패로 끝난 것을 알고 분통했다. 그리고 곧 태도를 바꾸어 안토니오에게 돈을 받겠다고 했다.

"ⓢ 그렇다면 아까 말씀하신 대로, 빌려준 돈의 세 배를 받고 안토니오를 놓아주겠습니다."

바사니오는 그 말을 듣고 기뻐서 얼른 돈 ◎ [   ] 더컷을 샤일록에 주려 하였다. 그러자 포셔가 가로막으며 말했다.

---

* 총독: 어떤 지역을 맡아 다스리는 직책. 또 그 직책을 수행하는 사람.

* 남장: 여자가 남자처럼 꾸미는 것.

* 몰수: 돈이나 물건 등을 국가가 강제로 빼앗는 일.

"서두를 것 없으니 잠자코 계시오. 샤일록은 계약서에 적혀 있는 것만 받을 수 있소. 살을 1파운드보다 많거나 적게 떼어도 사형에 처해지고 재산은 몰수당할 것이오."

샤일록은 당황해서 말을 할 수 없었다. 다만 바시니오의 돈을 받으려 할 뿐이었다.

"그럼 저는 처음에 빌려준 돈만 받고 돌아가겠습니다."

그러나 포셔는 다시 가로막으며 말했다.

"샤일록, 당신은 계약을 이용해 사람을 죽이려고 했으니 재산은 나라에서 몰수하겠소. 그리고 당신 목숨은 총독에게 달렸으니 무릎을 꿇고 용서를 비시오."

그러자 베니스의 총독은 샤일록에게 말했다.

"우리는 ㉠ [   ]을(를) 베풀어 목숨은 살려 주겠다. 그 대신 재산의 절반은 안토니오에게 주고, 나머지는 나라에 바쳐라!"

그러자 안토니오가 말했다.

"저는 그 돈을 받지 않겠습니다. 샤일록의 재산은 그가 쫓아낸 딸에게 물려주겠다는 약속만 받으면 됩니다."

샤일록은 얼마 전 안토니오의 친구와 결혼한 딸을 내쫓았었다. 샤일록은 하는 수 없이 ㉢ 그렇게 하기로 했다. 샤일록은 안토니오를 해치려던 계획을 실패했을 뿐 아니라, 재산마저 모두 잃고 집으로 돌아갔다.

[라]

바사니오와 안토니오는 재판관에게 사례금을 주려고 했지만 재판관은 사례금 대신 바사니오 손에 있던 반지를 달라고 했다. 바사니오는 난처했지만 친구의 목숨을 구해 준 대가로 반지를 빼 주었다. 남편에게서 반지를 건네받은 포셔는 얼른 집으로 가 두 사람을 기다리고 있었다.

바사니오는 안토니오를 데리고 집에 가 포셔에게 소개했다. 포셔는 바사니오 손가락에 반지가 없는 것을 보고 바사니오를 추궁했다. 바사니오가 상황을 설명하자 포셔는 바사니오에게 반지 하나를 건넸다.

바사니오는 반지를 받아 보고 깜짝 놀랐다. 그러자 포셔는 ㉡ [   ] 털어놓았다. 그러고는 안토니오에게 편지 한 통을 주었다. 그 편지에는 난파된 줄 알았던 안토니오의 배가 무사히 항구로 돌아왔다는 내용이 적혀 있었다.

* 사례금: 감사의 뜻으로 주는 돈.
* 추궁했다: 잘못한 일에 대해 엄하게 따져 물었다.

1 이 글의 등장인물을 정리했습니다. 틀린 내용을 찾으세요. ㅣ**인물**ㅣ

① 샤일록: 사람들에게 돈을 빌려주면 갚으라고 독촉하고, 이자를 꼬박꼬박 받아 챙긴다.

② 안토니오: 어려운 사람들에게는 이자를 받지 않고 돈을 빌려주어 사람들의 존경을 받는다.

③ 바사니오: 안토니오의 친구로, 돈은 많지 않지만 사치를 즐긴다.

④ 포셔: 부잣집 딸로, 바사니오와 결혼하기로 했다. 마음씨가 곱고 똑똑하다.

⑤ 재판관: 안토니오의 친구로, 재판을 정당하게 진행한다.

2 안토니오가 샤일록에게 돈을 빌린 까닭은 무엇인가요? ㅣ**내용 파악**ㅣ

① 배를 사려고.

② 물건을 살 돈이 부족해서.

③ 친구 바사니오의 결혼을 돕기 위해서.

④ 배가 난파해서 돈이 없어졌기 때문에.

⑤ 샤일록의 돈을 빼앗으려고.

3 이 글의 내용과 맞지 <u>않는</u> 것을 찾으세요. ㅣ**내용 파악**ㅣ

① 바사니오와 안토니오는 친한 친구다.

② 샤일록은 끝내 안토니오의 살을 베지 못했다.

③ 샤일록이 돈을 받지 못한 까닭은 안토니오를 죽이려 했기 때문이었다.

④ 재판관의 재치 있는 판결로 안토니오는 목숨을 건질 수 있었다.

⑤ 안토니오의 배는 난파되었다.

4 ㉠에 들어갈 사람입니다. 〈햄릿〉, 〈리어왕〉 등을 쓴 영국의 대표 작가는 누구일까요? ㅣ**배경지식**ㅣ

① 셰익스피어   ② 톨스토이   ③ 오 헨리

④ 헤르만 헤세   ⑤ 생텍쥐페리

5 ⓛ은 얼마인가요? 단위까지 정확하게 찾아 쓰세요. ㅣ내용 파악ㅣ

_____

6 ⓒ ~ ⓐ 중에서, 말하는 이가 다른 하나를 찾으세요. ㅣ내용 파악ㅣ

① ⓒ   ② ⓐ   ③ ⓜ
④ ⓑ   ⑤ ⓢ

7 ⓞ에 들어갈 숫자를 고르세요. ㅣ추론ㅣ

① 1,000   ② 3,000   ③ 5,000
④ 6,000   ⑤ 9,000

8 '남을 깊이 사랑하고 가엾게 여겨서 베푸는 마음'이라는 뜻을 지닌 낱말입니다. ⓩ에 들어갈 낱말을 찾으세요. ㅣ어휘ㅣ

① 보복   ② 복수   ③ 배신
④ 자비   ⑤ 증오

9 결국 샤일록은 어떻게 하기로 했나요? ⓒ의 올바른 내용을 찾으세요. ㅣ내용 파악ㅣ

① 안토니오 몸에서 피를 흘리지 않고 살을 떼어 내기.

② 빌려준 돈의 세 배를 받고 안토니오를 놓아주기.

③ 빌려준 돈만 받고 안토니오를 놓아주기.

④ 총독에게 무릎을 꿇고 용서를 빌기.

⑤ 빌려준 돈을 받지 않으며, 재산의 반은 나라에 바치고, 나머지 반은 딸에게 물려주기.

10 이 글에 쓰인 시대의 상황을 잘못 이해한 사람을 찾으세요. ┃추론┃

① 윤지: 포셔와 네리사의 관계를 보니, 신분이 있던 시대인 거 같아.

② 혜림: 재판관의 추천을 받으면, 그 사람이 정식 재판관을 대신해서 재판을 할 수도 있었나 봐.

③ 민경: 재판관이나 판결 내용을 결정하는 걸 보니, 총독의 권력이 굉장히 셌던 것 같아.

④ 준형: 그 시대에도 신체에 해를 끼치는 판결을 내릴 수 없었나 봐.

⑤ 성현: 자신의 신체를 담보로 거는 걸 보면, 지금보다 인권에 대한 의식이 적었던 것 같아.

11 샤일록의 성격으로 거리가 먼 것을 찾으세요. ┃추론┃

① 게으르다　　　　② 음흉하다　　　　③ 교활하다
④ 무자비하다　　　⑤ 잔인하다

12 [라]의 밑줄 친 부분을 참고하여, ㉠에 들어갈 내용을 찾으세요. ┃추론┃

① 자신이 훔친 반지라고.

② 재판관에게서 받은 반지라고.

③ 자신이 재판관으로 변장하여 판결을 내렸다고.

④ 자신이 안토니오에게 판결을 내린 재판관과 친한 사이라고.

⑤ 잃어버릴 것을 대비해 하나 더 준비해 두었다고.

13 친구들이 대화를 나누었습니다. 이 글을 잘못 읽은 사람을 찾으세요. ┃감상┃

① 은정: 부잣집 딸에게 청혼하려고 큰돈을 빌리다니. 바사니오는 허영심이 큰 것 같아.

② 수혁: 친구를 위해 돈을 대신 빌린 안토니오는 멋진 친구야.

③ 현규: 돈도 중요하지만 돈 때문에 사람 목숨을 빼앗으려 하다니 너무 끔찍해.

④ 재민: 재판이 끝난 뒤에 사례금을 요구한 재판관의 행동이 어이가 없어.

⑤ 정연: 샤일록의 잔꾀를 지혜로 맞받아친 포셔가 무척 지혜롭다고 생각해.

이 글은 레프 니콜라예비치 톨스토이가 쓴 〈바보 이반〉이다.
[가]는 글 전체의 요약이고, [나], [다], [라]는 글의 중요 부분이다.

[가]

옛날 어느 농부에게 아들 셋과 딸 하나가 있었다. 첫째는 군인인 시몬, 둘째는 장사꾼 티라스, 셋째는 농사꾼 이반, 막내딸은 말을 못 하는 말라냐였다.

어느 날, 시몬과 티라스가 차례로 아버지를 찾아와 땅을 나누어 달라고 했다. 아버지는 농사를 돕는 이반과 말라냐를 생각하여 땅을 나눠 줄 수 없다고 했다. 하지만 이반은 괜찮다며 형들에게 땅을 나눠 주라고 했다.

형제들이 재산 분배로 다투지 않고 의좋게 헤어진 것을 본 늙은 악마는 무척 화가 났다. 그래서 작은 악마 셋을 불러 형제들이 싸우게 하라고 지시했다.

첫째 악마는 큰형 시몬에게 용기를 불어넣어, 이웃 나라 인도를 공격하게 하고는 전쟁에서 지게 만들었다. 결국 시몬은 인도 감옥에 갇혔고, 이후에 몰래 도망쳤다.

둘째 악마는 티라스에게 욕심을 불어넣어, 빚을 내어서라도 물건을 사들이게 했다. 얼마 뒤, 티라스는 빚쟁이에게 쫓기는 신세가 됐다.

이반을 맡은 막내 악마는 일이 쉽게 풀리지 않았다. 이반의 일을 방해하는 데에 번번이 실패했다. 땅속에서 쟁기를 붙잡고 훼방 놓던 악마는 결국 이반에게 잡혔다. 막내 악마는 모든 병을 낫게 하는, 세 가닥으로 된 나무뿌리를 주고 땅속으로 사라졌다. 그중 한 가닥을 먹자 이반은 아팠던 배가 나았다.

다음 날, 막내 악마를 도우려고 첫째 악마가 이반을 찾아왔다. 첫째 악마는 보리를 썩게 하려고 보릿단 속에 숨었지만 이반에게 들켰다. 그래서 살려 주는 대가로, 이반에게 보릿단으로 병사 만드는 주문을 알려 주고는 땅속으로 사라졌다.

둘째 악마도 이반을 찾아왔다. 둘째 악마는 이반이 나무 베는 것을 ㉠방해했다. 그러다 자신의 한쪽 다리가 나무에 깔리는 바람에 이반에게 붙잡혔다. 둘째 악마는 나뭇잎으로 금

* 분배: 일정하게 나눔.

화 만드는 법을 가르쳐 주고 땅속으로 사라졌다.

　얼마 후, 이반은 잔치를 열어 집에 돌아온 두 형을 초대했지만 형들은 참석하지 않았다. 그 대신 이웃을 불러 음식을 대접하며 흥겹게 놀았다. 기분이 좋아진 이반은 악마가 알려준 방법으로 금화를 만들어 이웃들에게 나누어 주고, 병사들을 만들어 노래를 부르게 했다.

　이 소식을 듣고 형들이 왔다. 시몬은 병사를, 티라스는 금화를 이반에게 만들어 달라고 했다. 시몬은 병사로 전쟁을 하여 이웃 나라를 정복했고, 티라스는 금화로 장사를 하여 큰 돈을 벌었다. 이반은 형들이 병사로 사람을 죽이고, 금화로 남의 집 소를 빼앗은 사실을 알게 되어, 이후로는 병사와 금화를 만들어 주지 않았다. 그러자 시몬은 티라스에게 병사를, 티라스는 시몬에게 돈을 주며 협력하였다. 이렇게 시몬과 티라스는 각각 왕이 되어 나라를 다스렸다.

　어느 날, 이반은 자신이 기르던 개가 병에 걸리자 악마가 준 나무뿌리 한 가닥을 주어 낫게 했다. 그 무렵, 왕은 누구든 병든 공주를 낫게 하면 사위로 삼겠다고 했다. 이반이 궁궐로 갈 채비를 마치고 문을 나서는데, 손이 굽은 거지가 병을 고쳐 달라고 애원했다. 이반은 서슴없이 나무뿌리를 거지에게 주고 빈손으로 궁궐을 향했다. 그런데 신기하게도 이반이 궁궐에 들어서자마자 공주의 병이 깨끗이 나았다. 왕은 기뻐하며 이반을 사위로 맞았다. 얼마 후 왕이 세상을 떠나고 이반이 왕이 되었다.

　왕이 된 삼 형제는 각자의 방식으로 나라를 다스렸다. 시몬은 병사를 시켜 자기가 원하는 것은 무엇이든 빼앗았고, 티라스는 자기 마음대로 법을 만들어 백성들에게 세금을 많이 거두었다. 하지만 이반은 왕이 되어서도 농사를 지었다. 왕비도 이반을 따라 일했다. 똑똑한 사람들은 그런 이반을 바보라고 여겨 나라를 떠났다. 결국 이반의 나라에는 바보들만 남아 스스로 일을 하여 먹고살았다.

　한편, 작은 악마들이 돌아오지 않자, 늙은 악마는 형제를 괴롭히기 위해 직접 나섰다. 먼저 시몬을 찾아가 전쟁을 치르게 했다. 시몬은 전쟁에서 지고 나라를 빼앗겨 도망치는 신세가 되고 말았다.

　다음에는 티라스를 찾아갔다. 악마는 그 나라의 모든 물건을 비싼 값에 사들였다. 티라스

---

* 정복: 남의 나라나 민족에 쳐들어가 지배함.
* 채비: 어떤 일을 하기 위한 갖춘 물건이나 자세.
* 서슴없이: 말이나 행동에 망설임이나 거침이 없이.
* 세금: 국가나 지방 단체를 운영하기 위해 국민에게서 강제로 거두어들이는 돈.

가 사려는 물건이 있어도 살 수 없을 만큼 물건 값이 오르게 되었다. 결국 돈을 아무리 많이 주어도 음식을 살 수 없어 굶을 수밖에 없었다.

늙은 악마는 마지막으로 이반을 찾아갔다. 늙은 악마는 이웃 나라의 장군이 되어 이반의 나라를 쳐들어갔다. 그런데 악마의 군대가 물건을 빼앗기도 전에 이반 나라 사람들이 순순히 내주었고, 곡식을 불태우면 울기만 할 뿐이었다. 병사들은 더 이상 나쁜 짓을 할 수 없어 뿔뿔이 흩어져 도망쳤다.

늙은 악마는 돈으로 이반을 괴롭히기로 했다. 신사로 변장하여 백성들에게 일을 시키고 품삯으로 금화를 주었다. 백성들은 일하고 받은 금화를 장난감이나 장식품으로 썼으며, 금화를 몇 개씩 갖게 되자 더는 가지려 하지 않았다. 하지만 신사는 여전히 금화로 모든 걸 해결하려 했다. 이반은 일하지 않는 신사가 굶어 죽을까 봐 걱정되었다. 그래서 집집마다 돌아가며 신사를 대접하게 했다. 마침내 신사가 이반의 궁궐에서 식사할 차례가 되었다. 그런데 이반과 같이 살던 말라냐는 손에 굳은살이 없는 사람은 식탁에 앉지 못하게 했다. 말라냐는 신사의 손을 보고는 식탁에서 끌어냈다.

화가 난 신사는 이반에게 손이 아닌 머리로 일하는 방법을 알려 주겠다고 소리쳤다. 이반은 광장에 높은 연단을 세워 주고, 백성들에게 그의 연설을 들으라고 명령했다. 사람들은 신사가 머리로 일하는 방법을 보여 주리라 기대하고 연설을 들었다. 그런데 일을 하지 않고 살아가는 방법만 알려 줄뿐이었다. 사람들의 관심은 계속 줄어들었지만 신사는 다음 날도, 그다음 날도 연단에 올랐다. 신사는 연설을 시작한 이후 아무것도 먹지 못하여 차츰 몸이 약해져 갔다. 그러던 어느 날, 몸이 휘청거리더니 머리를 기둥에 부딪쳤다. 사람들은 그것이 신사가 머리를 쓰는 일이라고 생각했다. 마침내 신사는 앞으로 고꾸라졌다. 계단 한 칸 한 칸 머리를 부딪치며 아래로 떨어져, 땅에 '쿵' 하고 머리를 박더니 커다란 구멍을 남긴 채 땅속으로 사라졌다.

그 뒤로 사람들이 이반의 나라에 몰려들었다. 이반은 누구든 반갑게 맞았다. 두 형도 이반에게 왔고, 이반은 형들을 따뜻하게 돌봐 주었다.

[나]

"아버지는 부자면서 저에게 아무것도 물려주지 않았어요. 땅을 3분의 1만 나누어 주세요."

"너는 재산도 있고 봉급도 많이 받으면서, 아비에게 한 푼 보내 준 적이 없지 않으냐? 그

* 봉급: 어떤 직장에서 일하는 사람이 일의 대가로 받는 돈.

리고 네게 재산을 나누어 주면 이반과 말라냐가 얼마나 속상하겠니?"

그러자 시몬이 얼굴을 붉히면서 대들었다.

"이반은 바보 아녜요? 그리고 말라냐는 말을 하지 못해 시집도 못 갈 텐데 돈이 뭐가 필요해요?"

아버지가 조용히 말했다.

"그렇다면 이반에게 물어보자."

뜻밖에도 이반은 시원스레 대답했다.

"뭐 까짓것, 형님 달라는 대로 주세요."

아버지는 큰아들 시몬에게 땅의 3분의 1을 나눠 주었다.

[다]

왕이 된 이반은 임금 옷을 벗어 왕비에게 주고, 밭에 나가서 일하기 시작했다.

"나는 도무지 심심해서 견딜 수가 없단 말이야. 일을 하지 않으니 배가 불러서 밥맛도 없고 밤에 잠도 잘 안 온다고."

이반은 아버지와 어머니 그리고 여동생을 불러 함께 밭에 나가 일을 했다.

신하들은 놀라 이반에게 말했다.

"임금님, 이러시면 안 됩니다."

"임금이라도 일은 해야지."

어느 날 대신이 와서 딱한 얼굴을 하고 말했다.

"관리들에게 봉급을 줘야 하는데 줄 돈이 없습니다."

"돈이 없으면 주지 않으면 되지."

"그러면 신하들이 일을 하지 않을 텐데요."

"그럼 그렇게 하라지. 그편이 도리어 내가 일하기 편해."

하루는 두 사나이가 이반에게 재판을 받으러 왔다. 그중 한 사나이가 말했다.

"이놈이 내 돈을 훔쳤어요. 벌을 주세요."

그러자 이반이 말했다.

"그야 돈이 필요하니까 훔쳤을 테지."

그러면서 도둑을 그냥 돌려보내 주었다.

모든 사람이 이반을 바보라고 생각했다. 왕비는 남편이 바보라면 자기도 바보 같은 생활을 해야 한다고 생각했다. 그래서 말라냐에게 농사일을 배워 남편을 돕기 시작했다.

그러자 똑똑한 사람은 모두 떠나고 바보들만 남았다. 이반의 나라에는 돈을 가진 사람도 없었고, 모두 자기가 손수 가꾼 곡식으로 살았다. 또 가난한 사람들과 늙은 사람을 잘 도우며 지냈다.

[라]

"용서하세요, 말라냐 아가씨는 손에 굳은살이 없는 사람은 식탁에 앉히지 않습니다. 잠깐만 기다렸다가 다른 사람들이 먹고 남긴 음식을 드세요."

늙은 악마는 벌컥 화를 내며 이반에게 말했다.

"사람은 손만 가지고 일하는 게 아닙니다. 똑똑한 사람은 머리로 일한다는 것을 모르시나요?"

그러자 이반이 대답했다.

"우리는 바보라서 그런 건 모르오. 보통 손을 움직여 일하는 것으로 알고 있소."

"그건 여러분들이 바보이기 때문입니다. 그럼 제가 머리로 어떻게 일하는지 가르쳐 드리죠. 그러면 머리로 일하는 것이 훨씬 낫다는 걸 알게 될 겁니다."

1 이반 삼 형제의 이름과 직업을 바르게 연결하세요. **|인물|**

(1) 첫째 ●   ● 이반 ●   ● 군인

(2) 둘째 ●   ● 시몬 ●   ● 장사꾼

(3) 셋째 ●   ● 티라스 ●   ● 농사꾼

2 ㉠과 비슷한말을 그 윗부분에서 찾아 쓰세요. **|어휘|**

3 다음 중 낱말 풀이가 잘못된 것을 고르세요. ㅣ어휘ㅣ

① 빚쟁이: 남에게 돈을 빌려준 사람.

② 쟁기: 논밭을 파서 뒤집는 기구.

③ 품삯: 일을 한 대가로 받는 돈이나 물건.

④ 굳은살: 손이나 발바닥이 갈라져서 허옇게 된 살.

⑤ 연단: 연설하는 사람이 올라서기 위해 약간 높게 마련한 자리.

4 이 글의 주제로 가장 알맞은 것은 무엇인가요? ㅣ주제ㅣ

① 형제끼리 우애 있게 지내자.

② 부모님께 효도하자.

③ 백성을 괴롭히지 말자.

④ 남을 괴롭히지 말자.

⑤ 욕심부리지 말고 성실하게 일하며 살자.

5 [가]에서 늙은 악마가 이반 형제에게 작은 악마를 보낸 까닭은 무엇인가요? ㅣ내용 파악ㅣ

① 땅을 빼앗으려고.   ② 농사일을 도우려고.

③ 마술을 가르쳐 주려고.   ④ 형제들이 다투게 하려고.

⑤ 형제들에게 재산을 나눠주려고.

6 [가]에서 이반이 형들에게 병사와 금화를 더 만들어 주지 않은 까닭은 무엇인가요? ㅣ내용 파악ㅣ

① 이반이 병사와 돈에 욕심이 생겨서.

② 병사와 돈을 만드는 방법을 잊어서.

③ 남을 괴롭히는 데에 병사와 돈을 사용해서.

④ 형들이 자기들끼리만 재산을 차지해서.

⑤ 형들이 병사를 모아 자신을 공격할까 봐.

7 왕이 된 후, 이반의 행동으로 알맞은 것을 고르세요. ㅣ내용 파악ㅣ

① 거만해졌다.　　　　　　　　② 세금을 많이 걷었다.

③ 부지런히 일했다.　　　　　　④ 옆 나라에 쳐들어갔다.

⑤ 악마들을 신하로 부렸다.

8 이반은 막내 악마에게 받은 나무뿌리 세 가닥을 어디에 썼나요? 알맞은 말을 쓰세요. ㅣ내용 파악ㅣ

(1) | 첫 번째 뿌리 |　아픈 [　　　　　]를 낫게 하려고 직접 먹었다.

(2) | 두 번째 뿌리 |　[　　　　　]를 낫게 했다.

(3) | 세 번째 뿌리 |　[　　　　　]의 굽은 손을 낫게 했다.

9 [다]를 읽고, 이반이 추구하는 나라의 특징이 <u>아닌</u> 것을 고르세요. ㅣ추론ㅣ

① 땀 흘려 일하는 것이 중요하다.

② 높은 자리에 있는 사람들도 일을 해야 한다.

③ 자기가 일한 만큼 대가를 얻는다.

④ 물건을 훔치는 사람은 그 물건이 필요한 사람이니 돈을 지원해 준다.

⑤ 내가 얻은 것을 어려운 이웃과 함께 나눈다.

10 [라]에서 말라냐가 신사(늙은 악마)를 식탁에서 끌어낸 까닭은 무엇인가요? ㅣ추론ㅣ

① 너무 지저분해서.

② 손에 굳은살이 없어서 일하지 않는 게으름뱅이라고 생각해서.

③ 마을 사람들에게 일을 시키고 금화를 주어서.

④ 말라냐에게 말을 못 한다고 놀려서.

⑤ 여러 집을 돌아다니며 뻔뻔하게 밥을 얻어먹는 것이 미워서.

11 [나]에서 알 수 있는 시몬의 성격으로 알맞지 <u>않은</u> 것을 고르세요. Ⅰ추론Ⅰ

① 뻔뻔하다.   ② 게으르다.

③ 이기적이다.   ④ 욕심이 많다.

⑤ 동생들을 업신여긴다.

12 이 글에 대한 감상으로 알맞지 <u>않은</u> 이야기를 한 사람은 누구인가요? Ⅰ감상Ⅰ

① 소윤: 나도 이반의 나라에서 살고 싶어. 그곳은 땀 흘려 일하는 사람이 대우받는 정직한 사회
잖아.

② 래원: 사람의 욕심은 채우기 힘들다는 생각이 들어. 형들은 땅도 물려받고, 이반이 만들어 준
병사와 금화로 부자가 됐으면서도 끝없이 욕심을 부리잖아.

③ 정인: 열심히 일하고 가진 것을 나누며 사는 이반은 '바보'가 아니라고 생각해. 오히려 욕심을
부리며 베풀 줄 모르는 사람들이 '바보' 아닐까?

④ 현서: 말라냐를 보니, 일하지 않고 놀고먹는 삶을 꿈꿨던 내가 부끄러워. 말라냐는 땀 흘려
일하는 삶이야말로 가장 의미 있는 삶이라고 생각하고 있어.

⑤ 고은: 이반은 정말 어리석어. 왕이면 편하게 살 수 있는데, 굳이 농사를 지어서 자신과 주변
사람들을 힘들게 하잖아.

13 이 글의 사건을 차례대로 정리하여 번호를 쓰세요. Ⅰ줄거리Ⅰ

> ① 이반은 공주와 결혼한다.
>
> ② 늙은 악마는 직접 나서서 두 형을 망하게 하고, 이반을 찾아간다.
>
> ③ 늙은 악마가 사이좋게 지내는 이반 형제들의 사이를 갈라놓기로 마음먹는다.
>
> ④ 늙은 악마는 이반의 나라를 망하게 하려고 꾀를 부리다 죽고 만다.
>
> ⑤ 이반의 두 형이 아버지를 찾아와 땅을 나눠 달라고 한다.
>
> ⑥ 작은 악마들은 이반의 일을 방해하는 데 실패한다. 오히려 신비한 힘을 주고 도망친다.

마당 한가운데에 우뚝 서 있는 늙은 감나무는 돌이네 집 식구들에게 큰 걱정거리가 되었다.

한 달 전까지만 해도 감나무는 ㉠ 사립문 옆 돌각담 모퉁이에 서 있었다. 그런데 올봄, 돌각담이 헐리고 담 밖에 있던 텃밭이 마당으로 들어오면서부터, 감나무는 마당 가운데에 덜렁 서 있게 되었다.

텃밭 울타리가 서 있던 자리에는 블록담이 산뜻하게 세워지고, 사립문도 담장을 따라 블록담과 나란히 섰다.

돌각담이 헐리고, 텃밭은 마당이 되고, 초가지붕은 슬레이트 지붕으로 바뀌고, 대나무로 만든 사립문은 파란 양철 대문으로 되었어도 늙은 감나무는 한 발자국도 움직일 수 없었다.

돌이네 집에서는 늙은 감나무를 앞에 놓고 세 번째 ㉡ 가족회의를 열고 있었다.

올해 일흔일곱 살이 된 할머니는 아랫목에 앉아서 담배 연기를 뿍뿍 뿜어내고 있었다.

'땅– 땅– 땅–'

할머니는 놋쇠로 만든 재떨이를 담뱃대로 두들겼다.

"얘들아! 천장만 쳐다보지 말고, 싸게싸게 말 좀 해 보그라."

할머니는 우두커니 앉아 있는 아버지, 어머니와 돌이, 철이, 순이를 빙 둘러보았다. 아버지는 머뭇머뭇하다가 말했다.

"어머님! 아무리 생각해 보아도 저 감나무는 베어야겠어요. 마당 가운데에 덜렁 서 있으니까 불편한 점이 많아요."

"어머님! 그렇게 하지요. 마당에 그늘이 져서 곡식을 말리기도 불편해요. 그리고 마당도 좁고요."

* 돌각담: 돌로 쌓은 담을 이르는 북한 말.

* 블록담: 블록(시멘트로 네모지게 만든 재료)으로 쌓은 담.

* 슬레이트: 시멘트와 석면을 섞어서 만든 얇은 판.

* 아랫목: 온돌방에서, 아궁이와 가까운 쪽 바닥으로, 방바닥에서 가장 따뜻한 곳.

* 재떨이: 담뱃재를 떨어 놓는 그릇.

* 싸게싸게: '빨리빨리'의 전라도 사투리.

어머니는 아버지의 말에 찬성했다.

"할머니! 저 감나무 때문에 공도 마음 놓고 찰 수 없어요."

"할머니! 감도 조그마해요. 그냥 베어 버려요."

철이와 돌이도 아버지와 어머니 편이 되었다.

"전 싫어요. 여름에는 시원한 감나무 그늘에서 놀고, 그네도 타고, 얼마나 좋아요. 베지 말아요."

순이는 감나무가 마당에 서 있는 것이 좋다고 했다.

"에헴. 땅, 땅, 땅. 조용히들 하그라. 내가 감나무 이야기를 해 줄 테니."

ⓒ 할머니는 무슨 생각인지 가족회의를 하다 말고 감나무에 얽힌 이야기를 꺼냈다.

"저 감나무는 너희 증조할아버님께서 손수 심으셨다고 하더라. 내가 열일곱 살 되던 해 늦가을에 시집을 왔을 때, 새빨간 홍시가 어찌나 많이 열렸던지, 감나무가 온통 꽃송이로 보였지……."

할머니는 눈을 지그시 감았다.

할머니는 할아버지가 고깃배를 타고 나가면, 부끄러운 줄도 모르고 감나무 위로 올라가 먼바다를 바라보면서 할아버지를 기다리던 일, 흉년이 들어 감을 한 바구니씩 따서 머리에 이고 감을 팔러 다니던 일, 돌이 아버지가 6.25 사변 때 군대에 가 있을 때 밤마다 감나무 아래에 물동이를 놓고 손이 닳도록 빌었던 일들이 떠올랐다.

"비옵니다, 비옵니다. 칠성님께 비옵니다. 삼대독자 우리 아들 몸 성히 돌아오게 해 주시옵소서……."

"감나무님, 감나무님! 아침 까치 불러서 우리 아들 기쁜 소식 전해 주오."

새벽별이 빛을 잃을 때까지, 할머니는 감나무에게 애원했었다.

돌이네 감나무에 까치들이 많이 찾아왔다. 전쟁이 끝나고 돌이 아버지가 손가락 하나 다치지 않고 집으로 돌아온 것은 모두 칠성님과 감나무와 아침 까치의 은혜라고 할머니는 굳게 믿고 있었다.

할머니의 감나무 이야기가 계속되는 동안 아버지, 어머니, 돌이, 철이는 슬슬 밖으로 나

* 증조할아버지: 아버지의 할아버지.

* 칠성님: 북두칠성(밤하늘에 국자 모양을 이루며 뚜렷하게 보이는 일곱 개의 별)을 높여 이르는 말.

* 삼대독자: 아버지, 아들, 손자의 세 대 동안 다른 자식 없이 단 하나뿐인 아들.

* 용하게도: 기특하고 훌륭하게도.

가 버렸다. 할머니는 용하게도 감나무 이야기로 그 늙은 감나무를 구해 냈다.

감꽃이 필 무렵, 할머니는 시름시름 앓다가 그만 자리에 눕게 되었다.

"순이야! 방에만 누워 있으니 갑갑하구나. 감나무 밑에다 밀방석을 깔아라."

할머니는 감나무 그늘 아래 누워, 푸른 잎사귀 사이로 파란 하늘을 쳐다보기도 하고, 얼굴 위로 떨어지는 감꽃을 입에 넣고 토끼처럼 오물거리기도 했다.

그럴 때의 할머니의 모습은 귀여운 아기 같았다.

무더운 여름 한철을 감나무 아래서 지내던 할머니는 가을바람이 살랑거리고 감이 울긋불긋 익을 무렵, 방 안으로 들어갔다. 할머니는 방문을 활짝 열어 놓고 감이 빨갛게 익어 가는 모양을 바라보고 있었다.

"까치야, 까치야! 너그들은 다 어디로 갔느냐? 요 몇 해 동안 통 볼 수가 없구나!"

"나는 죽어서 무엇이 될꼬? 까치나 되었으면 좋으련만……."

감나무를 바라보면서 중얼거리는 할머니의 눈에는 눈물이 고여 있었다.

감을 따는 날, 할머니는 방에 누워서 구경을 했다.

"올해는 ㉣ 까치밥을 많이 남겨라."

할머니는 감을 모두 따지 않고 몇 개씩 남겨 두었다.

할머니가 까치에게 주려고 남겨 둔 감을 아이들은 '까치밥'이라고 했다.

까치밥은 까치와 새들이 와서 쪼아 먹기도 하고, 첫눈이 하얗게 내릴 때까지 앙상한 감나무를 붙들고 대롱대롱 매달려 있기도 했다.

"어머니! 염려 마시고 편히 누워 계세요. 올해는 스무 개쯤 남겨 놓을 겁니다."

아버지와 어머니는 할머니의 말에 고분고분했지만, 돌이와 철이는 그렇지 않았다.

"어유! 까치밥을 스무 개나 남겨? 할머니는 미신만 믿어. 까치도 오지 않는데 남겨 두면 뭘 해."

"사람 먹을 것도 모자라는데 까치를 줘요? 할머니는 무당 같아요. 후후……."

"이 녀석들아! 이 할미가 죽은 뒤에 와서 다 따 먹을란다."

"죽으면 그만이지, 죽은 사람이 어떻게 와서 감을 따 먹어요?"

돌이와 철이는 할머니가 이상한 말만 한다고 생각했다.

* 미신: 과학적, 합리적 근거가 없는 신앙.
* 무당: 귀신을 믿어 점을 보며, 굿을 하는 사람.
* 너그: '너희'의 경상도 사투리.

"이 할미가 죽어서 까치가 되면 어쩔래?"

"야아! 재미있다. 할머니가 까치가 되어 우리 집 감나무에 와서 감을 따 먹으신다니. 할머니, 참말이지요! 할머니?"

"오냐오냐, 그렇단다. 너그들이 보고 싶으면 까치가 되어 찾아올란다. 반가운 소식, 기쁜 소식 많이 갖다 주마."

감을 따던 돌이네 식구들은 갑자기 쓸쓸해졌다. 할머니가 금방 돌아가실 것 같은 슬픈 생각에 잠겼다.

"할머니! 죽지 마세요. 할머니가 정말로 까치가 되면, 감을 하나도 안 따고 그대로 놓아둘게요. 제발 죽지 마세요. 할머니! 오래오래 사세요. 백 살까지……."

돌이와 철이는 방으로 뛰어 들어와서 할머니를 졸랐다.

"오냐오냐, 그럴란다. 우리 돌이, 철이, 순이 장가가고 시집갈 때까지 오래오래 살란다."

할머니는 빙그레 웃고 계셨다.

스무 개도 더 남겨 둔 까치밥이 한 개 두 개 떨어져 버리고 마지막 한 개가 외롭게 남아 앙상한 나뭇가지 끝에 대롱대롱 매달려 찬 서리를 맞던 날 밤, ⓜ 할머니는 멀고 먼 나라로 떠나가셨다.

할머니가 세상을 떠난 지도 벌써 삼 년이 지나갔다.

돌이네 집 마당 한가운데에 서 있는 늙은 감나무는 해마다 가을이 오면 까치밥을 달고, 까치가 되어 돌아오겠다던 할머니를 기다리고 있었다.

할머니와 늙은 감나무와 까치들!

지금은 모두 돌아올 수 없는 먼 나라로 사라져 갔지만, 파란 양철 대문 옆에 새로 심은 돌이네 새 감나무에는 첫 감이 다섯 개 열렸다.

돌이네 집 식구들은 감을 한 개도 따지 않고 모두 까치밥으로 남겨 두었다.

"철아, 철아! 빨리 나와 봐! 어젯밤 꿈에 할머니가 오셨더니, ⓑ ⬚⬚⬚⬚⬚⬚. 빨리 나와."

아침 일찍 밖으로 나온 돌이는 감을 세어 보면서 철이를 부르고 있었다.

"ⓐ 철아, 할머니가 왔다 가셨다! ⓞ ⬚⬚⬚⬚⬚⬚! 철아, 빨리 나와 봐라!"

(이준연)

* 서리: 수증기가 물체 표면에 얼어붙은 것.
* 양철: 주석이라는 금속을 안팎에 입힌 얇은 철판. 주로 깡통을 만드는 데에 쓴다.

1 ㉠은 무엇일까요? | 어휘 |

① 집 뒤로 드나들 수 있게 만든 문.

② 돌로 만든 문.

③ 집의 출입구에 구멍을 뚫은 기둥을 놓아 가로로 걸쳐 놓는 나무.

④ 나무판을 이어 붙여 만든 문.

⑤ 일정한 길이로 자른 나뭇가지를 엮어서 만든 문.

2 감의 종류와 그 특징을 바르게 짝지으세요. | 배경지식 |

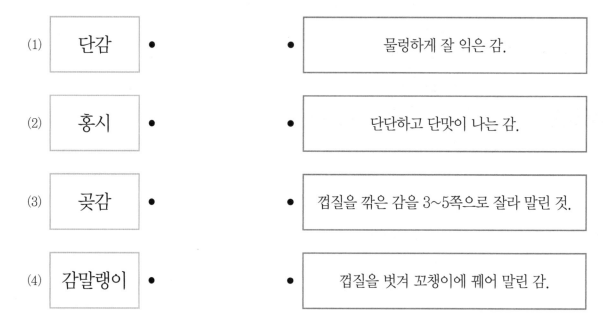

(1) 단감	•	•	물렁하게 잘 익은 감.
(2) 홍시	•	•	단단하고 단맛이 나는 감.
(3) 곶감	•	•	껍질을 깎은 감을 3~5쪽으로 잘라 말린 것.
(4) 감말랭이	•	•	껍질을 벗겨 꼬챙이에 꿰어 말린 감.

3 ㉡에서 할머니와 같은 주장을 하는 사람은 누구인가요? | 내용 파악 |

① 아버지   ② 어머니

③ 돌이   ④ 철이

⑤ 순이

4 ㉣의 뜻을 이 글에서 찾아 쓰세요. | 내용 파악 |

5 돌이네 집에서 무엇이 어떻게 바뀌었는지 빈칸에 알맞은 내용을 쓰세요. **| 내용 파악 |**

바뀌기 전		바뀐 후
돌각담	→	헐렸음
	→	마당
텃밭 울타리	→	
	→	슬레이트 지붕
대나무 사립문	→	

6 이 글의 내용과 <u>다른</u> 것을 찾으세요. **| 내용 파악 |**

① 가족회의에서 감나무를 베고 싶어 하는 사람이 더 많았다.

② 감나무는 돌이의 증조할아버지가 심었다.

③ 돌이의 아버지는 전쟁에 나가 다치지 않고 무사히 돌아왔다.

④ 할머니가 죽은 뒤에도 감나무는 마당 한가운데에 계속 남아 있었다.

⑤ 할머니는 죽어서 까치가 되어 찾아오겠다고 말했다.

7 ㉤의 올바른 뜻을 찾으세요. **| 표현 |**

① 할머니는 집을 나가셨다.

② 할머니는 옆 마을로 이사를 가셨다.

③ 할머니는 다른 도시로 이사를 가셨다.

④ 할머니는 돌아가셨다.

⑤ 할머니는 다른 나라로 이민을 가셨다.

8 할머니는 왜 ⓒ처럼 행동했을까요? |추론|

① 감나무를 베라고 설득하려고.　　　　② 감나무를 베지 말라고 설득하려고.

③ 증조할아버지를 보고 싶어서.　　　　④ 감나무를 언제 심었는지 알려 주려고.

⑤ 홍시가 얼마나 많이 열리는지 알려 주려고.

9 ⓑ과 ⓞ에 공통으로 들어갈 말로 가장 알맞은 것을 찾으세요. |추론|

① 감나무가 사라졌다.

② 까마귀가 나타났다.

③ 까치밥 한 개가 없어졌다.

④ 하늘에 무지개가 떴다.

⑤ 해가 서쪽에서 떠오른다.

10 이 글을 극본으로 바꾸어 쓰려고 합니다. ⓐ은 어떻게 읽어야 할까요? |적용|

① 매우 짜증이 나는 듯이.

② 놀랍고도 반가운 듯이.

③ 무척 화가 난 듯이.

④ 너무 어이가 없어 황당한 듯이.

⑤ 어떤 일이 갑자기 일어나 두려운 듯이.

11 이 글을 읽고 나눈 대화입니다. 누가 가장 잘 읽었나요? |감상|

① 민성: 마지막 돌이가 철이를 부르는 모습에서, 식구들이 할머니를 그리워한다는 느낌을 받았어.

② 정훈: 사람이 죽어서 까치가 된다는 말은 믿을 수 없어.

③ 지민: 할머니 한 명 때문에 집이 엉망이 된 것 같아. 쓸데없이 고집을 부리면 안 돼.

④ 주영: 할머니는 감나무를 볼 때마다 힘들었던 일이 떠올라서 스트레스를 받으셨던 것 같아.

⑤ 선정: 할머니가 감나무를 아끼고 사랑한 걸 보니 감을 무척 좋아했던 모양이야.

완전개정판

초등국어

5단계

독해력은 모든 학습의 기초!

독해력 비타민

정답과 해설

시서례
(주)

1회 모순 10~11쪽

1. ⑤
2. (1) 창, (2) 방패
3. ① ○, ② ×, ③ ○, ④ ×, ⑤ ×
4. ③
5. 창, 방패, 이치

4. ③ '모순'은 앞뒤가 맞지 않음을 말한다.
담을 지저분하게 하기 때문에 낙서를 하지 말라고
써 놓았다. 하지만 '낙서 금지'라고 쓴 것 자체도 담
을 지저분하게 하고 있다.

2회 옛날 아이들의 학교, 서당 12~14쪽

1. ③
2. ④
3. ⑤
4. 강독, 습자, 배강, 훈장, 책거리(책씻이, 책례)
5. ③

3. ① 양반 아이들은 서당에서 공부했다. 평민 아이들
도 상황에 따라 서당에 다니기도 했다.
② 밤글이라고 하여 밤에도 글공부를 했다.
④ 훈장의 월급은 정해져 있지 않아 지역마다 차이
가 있었다. 제시문에서는 당시 보통 사람들의 월급
과 훈장의 월급을 비교하지는 않았다.

5. ① 향교: 조선 시대에, 지방에서 공자의 제사를 지
내며 유학(공자의 가르침)을 교육하던 국립 학교.
② 서원: 조선 시대에, 뛰어난 유학자의 제사를 지
내며, 유학을 교육하던 기관.
⑤ 사부 학당: 조선 시대에, 나라에서 인재를 기르
기 위해 서울의 네 곳(중학, 동학, 남학, 서학)에 세
운 교육 기관. '사학'이라고도 한다.

3회 국제 연합 15~17쪽

1. 총회, 평화, 신탁 통치 이사회,
경제 사회 이사회, 사법, 사무국
2. ① ○, ② ○, ③ ×, ④ ×, ⑤ ○, ⑥ ×
3.

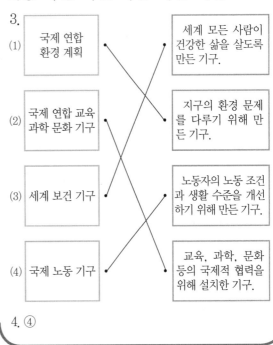

4. ④

4. ④ 큰 죄를 저지른 사람이 다른 나라로 도망친 때에
는 국제 연합이 나서기도 한다. 하지만 소매치기와
같은 작은 죄를 저지른 사람을 현장에서 잡는 것은
그 국가가 처리할 일이다.
② 세계 보건 기구(WHO)에서 한다.
③ 유네스코(유엔 교육 과학 문화 기구)에서 하는
일이다.
⑤ 유니세프(유엔 아동 기금)가 담당한다.

4회 삼권 분립 18~20쪽

1. ④
2. (1) 국회, (2) 법원, (3) 정부
3. (1) 국회, (2) 정부, (3) 법원
4. ①
5. ⑤ 독재
6. 헌법

3. (1) 법을 만드는 것은 입법 기관인 국회가 할 일이다.
   (2) 법에 따라 일을 집행하는 것은 행정 기관인 정부가 할 일이다.
   (3) 법에 따라 판결을 내리는 것은 사법 기관인 법원이 할 일이다.

4. ① 분립: 갈라져서 따로 섬.

5. ① 자치: 지방 자치 단체가 국가로부터 권한과 책임을 받아 업무를 수행하는 일.
   ② 공산주의: 재산의 공동 소유를 주장하며 계급 없는 사회를 지향하는 사상.
   ③ 사회주의: 사유 재산 제도(개인의 재산 소유를 인정하는 제도)를 폐지하고 생산 수단을 사회화하여 자본주의의 모순을 극복하려는 사상.
   ④ 전체주의: 민족·국가 같은 전체의 존재와 발전을 위해 개인의 자유를 억압하는 사상.

5회 신화, 전설, 민담 21~23쪽

1. 신화, 전설, 민담
2. ③
3. 전설, 신이나 영웅, 재미, 비극적 내용
4. ⑤
5. 전설

4. ⑤ 전설은, 현실에서 존재하지 않는 특별한 능력을 지닌 사람이 특이한 일을 겪는 이야기가 대부분이다. 하지만 구체적인 증거물이 실제로 존재하기 때문에 실제 있었던 일처럼 느껴지기도 한다.

5. 이 이야기는 '아기 장수' 전설이다.
   특별한 능력(날개가 있어 날 수 있음, 태어난 지 3일 만에 걸어 다님)을 지닌 사람이 태어나 비극적 결말(관가에서 가만두지 않을 것을 알고 죽임을 당함)을 맞는다. 하지만 구체적인 증거물(영월군 수주면 무릉리 명마동)이 존재하여 실제 있었던 일처럼 느껴지는 전설이다.

1. ⑤
2. 비단을 싣고 가던 길, 장건
3. ①
4. (1) 사, (2) 바, (3) 초
5. 중국, 사막, 장건, 문화

1. ⑤ 비단길은 초원길뿐 아니라, 사막길과 바닷길이 있었다.

3. ② 콜롬버스: 이탈리아의 탐험가. 네 번의 항해를 통해 아메리카 대륙을 발견했다.
③ 마젤란: 포르투칼의 탐험가. 세계 최초로 항해를 통해 세계 일주에 성공했다.
④ 레오나르도 다빈치: 이탈리아의 화가, 과학자.
⑤ 헨드릭 하멜: 네덜란드의 선원. 항해 중 폭풍에 배가 부서져 조선에 머물렀다. 15년 후 네덜란드로 돌아가 조선에서 겪은 경험을 바탕으로 〈하멜 표류기〉를 썼다.

1. 바람
2. (1) ㉠ 저기압, ㉡ 고기압, (2) ①
3. ① ○, ② ×, ③ ○, ④ ○, ⑤ ×, ⑥ ○
4. (1) 낮, 해풍, (2) 밤, 육풍
5. 태풍

1. ②
2. ②
3. ③
4. ④
5. 신체, 물, 지방, 사막
6. 사막의 배
7. ②
8. ③

3. ③ 주어진 글은 낙타가 수분을 아낄 수 있다는 내용을 담고 있다. 낙타가 물을 마시지 않고 사막에서 오래 버틸 수 있는 내용을 담고 있는 [다]와 어울린다.

7. ① 낙타는 단봉낙타와 쌍봉낙타, 두 종류가 있다. 오랫동안 먹이를 먹지 않아 혹 안의 지방을 영양분으로 이용하면 크기가 줄어들 뿐 개수는 줄어들지는 않는다.

8. 이 글은 설명문의 구조를 그대로 따르고 있다. [가]는 처음, [나]~[라]는 가운데, [마]는 끝이다.
[가] - 사막에서 자유롭게 활동하는 낙타.
[나] - 낙타의 특징 1(신체 구조)
[다] - 낙타의 특징 2(물을 마시지 않고 오래 버틸 수 있다)
[라] - 낙타의 특징 3(혹)
[마] - 사막에서 낙타는 사람에게 가족처럼 소중한 존재다.

1. ②
2. ②
3. (1) 행랑채, (2) 사랑채, (3) 안채, (4) 사당
4. 대청(대청마루)
5. ⑤
6. 산을 등지고, 물을 바라본다(내려다본다).
7.

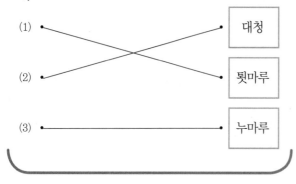

(1) ● ———————— 대청

(2) ● ———————— 툇마루

(3) ● ———————— 누마루

5. ⑤ 모든 집에 당호가 있는 것은 아니었다. 또 평민들의 집에는 거의 이름을 붙이지 않았다.

1. 노벨상
2. (1) 스톡홀름, (2) 오슬로
3. ① ○, ② ×, ③ ○, ④ ×, ⑤ ○, ⑥ ×
4. ②
5. 경제학상
6. ⑤
7. ③
8. (1) 넬슨 만델라
   (2) 밥 딜런
   (3) 헤르만 헤세

3. ④ 에디슨은 노벨상을 받지 못했으나, 아인슈타인은 1921년 노벨 물리학상을 수상했다.
⑥ 다른 상은 개인만 받을 수 있지만 평화상은 단체가 받을 수도 있다.

4. ① 초기에는 다섯 부문에서 시상했다. 하지만 1968년에 경제학상이 추가되어 현재는 여섯 부문에서 상을 주고 있다.
③ 노벨상은 노벨의 사망일인 12월 10일에 시상한다.
⑤ 마리 퀴리를 포함하여 많은 여성이 노벨상을 수상하였다. 하지만 전체 수상자에 비해서는 여성 수상자가 매우 적다.

7. ① 토머스 에디슨: 미국의 발명가. 축음기, 백열전구 등을 발명했다.
② 앨버트 아인슈타인: 독일에서 태어난 미국 과학자. 이론 물리학에 기여한 공로로 1921년 노벨상을 받았다.
④ 안네 프랑크: 독일에서 태어난 유태인 소녀. 제2차 세계대전의 참담한 상황을 일기로 남겼다.
⑤ 헬렌 켈러: 미국의 작가 겸 사회 사업가. 어릴 때 얻은 장애를 극복하고 사회 복지 사업에 업적을 남겼다.

1. 밤에도 해가 지지 않는 현상.
2. ③
3. (1) 크레바스
   (2) 블리자드
   (3) 영구빙
   (4) 유빙
4. ④
5. ③
6. (1) ㄷ, (2) ㄴ, (3) ㄴ, (4) ㄷ
7. ⑤
8. ②
9. 온난화

4. ④ 펭귄은 남극에서 살지만, 북극곰은 이름처럼 북극에서 산다.

5. ③ 육대주는 지구의 여섯 대륙으로, 아시아, 아프리카, 유럽, 오세아니아, 남아메리카, 북아메리카를 이른다.

6. 오세아니아에는 호주, 뉴질랜드를 비롯하여, 멜라네시아, 미크로네시아, 폴리네시아 등이 있다.
유럽에는 대표적으로, 독일, 프랑스, 스페인, 이탈리아, 스위스, 스웨덴 등이 있다.

1. 온도
2. ① ×, ② ○, ③ ×, ④ ×, ⑤ ○, ⑥ ×
3. 영하 273.15℃
4. 안데르스 셀시우스, K, 화씨, °R
5. (1) 기온, (2) 실온, (3) 상온,
   (4) 수온, (5) 체온
6. ④
7. ③

2. ① 우리나라에서 흔히 사용하는 온도의 단위는 섭씨온도다.
③ 섭씨온도와 절대 온도는 온도 간격이 똑같다. 따라서 섭씨온도가 1℃ 오르면 절대 온도도 1K 오른다.
④ 처음에는 '°K'를 썼지만 1960년대 이후 'K'로 바꾸어 사용하고 있다.

7. 따뜻해진 기체는 위로, 상대적으로 시원한 기체는 아래로 움직인다. 따라서 공간 전체를 시원하게 하려면 냉방기는 위쪽에, 따뜻하게 하려면 난방기는 아래쪽에 설치하는 것이 좋다.

13회 설명 방법 50~53쪽

1. 설명 방법
2. 페달
3. ②
4. ① ×, ② ○, ③ ×, ④ ○
5. 시계
6. (1) 예시, (2) 분석, (3) 대조, (4) 서사

6. (1) 네트를 사이에 두고 공을 주고받는 운동의 종류를 예를 들어 설명하였다.
   (2) 자전거의 여러 부분을 그것의 역할로 설명하였다.
   (3) 칼과 가위가 어떻게 다른지 설명하였다.
   (4) 컴퓨터의 역사를 시간 순서대로 설명하였다.

14회 거울과 렌즈 54~57쪽

1. (1) 오목 거울, (2) 볼록 거울
2.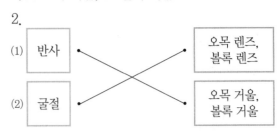

| (1) 반사 | ⟶ | 오목 렌즈, 볼록 렌즈 |
| (2) 굴절 | ⟶ | 오목 거울, 볼록 거울 |

3. ③
4. ① ○, ② ○, ③ ○, ④ ×, ⑤ ×
5. ⑤
6. (1) 볼록 렌즈, (2) 오목 렌즈
7. 가운데, 크게, 원시, 가장자리, 작게, 근시
8. ③

5. 표면이 매끄러운 금속이나 유리에 정반사가 잘 일어난다. 구겨진 은박지나 출렁이는 물은 표면이 울퉁불퉁하므로 정반사가 이루어지기 어렵다. 신문지와 이불은 자세히 보면 표면이 매끄럽지 않다.

8. ③ 가시광선: 사람이 직접 볼 수 있는 광선.
   ① 적외선: 파장이 가시광선보다 긴 광선. 눈으로 직접 볼 수 없으며, 적외선 사진, 통신, 의료 등에 이용한다.
   ② 자외선: 파장이 가시광선보다 짧은 광선. 눈으로 직접 볼 수 없으며, 살균 등의 쓰임이 있다.
   ④ 엑스선: 감마선과 자외선 사이의 광선. 눈에 직접 보이지는 않지만 의료용 등으로 사용한다.
   ⑤ 감마선: 방사선의 하나. 물질의 투과성이 강해 금속의 내부 결함을 탐지하거나 암을 치료하는 데에 쓴다.

15회 소화 58~63쪽

1. 소화
2. ⑤
3. 식이 섬유
4. 입, 위, 작은창자, 도움
5. (1) 기계적, (2) 화학적
6. (1) 식도, (2) 위, (3) 작은창자, (4) 큰창자
7. (1) 적당한 크기로 자른다.
(2) 찢는다.
(3) 잘게 으깬다.
8. ① ×, ② ×, ③ ×, ④ ○
9. 소장
10. 쓸개

2. ⑤ 역류: 거슬러(흐르는 방향의 반대 방향으로) 흐름.

16회 소아 비만을 예방하자 64~67쪽

1. ④
2. 환경, 심리, 운동, 예방
3. ④
4. ⑤
5. 만병
6. ③

4. ⑤ 성인병: 주로 중년 이후의 성인들에게 문제가 되는 병. 하지만 요즘은 어린이나 청소년들도 걸리고 있다.

6. 청소년기에는 성장이 급격히 이루어진다. 따라서 이 시기에는 한 가지 음식, 특정 음식만 먹거나, 식사량을 급격하게 줄이는 것은 올바른 음식 조절 방법이 아니다.

1. ②
2. ③
3. 후천적
4. ⑤
5. ③
6. ②
7. ④
8. ④
9. ⑤

통계청의 2018년 자료를 기준으로, 대한민국 인구 51,606,633명 가운데 2,585,876명(약 5%)이 장애인이다.

4. ⑤ 모욕: 남을 깔보고 부끄럽게 함.

5. 6. 장애인이라고 하여 항상 특별히 대하거나 돈을 주는 것은 장애인을 배려하는 행동이 아니다.

8. ① 이심전심: 마음과 마음으로 서로 뜻이 통함.
② 일거양득: 한 가지 일을 하여 두 가지 이익을 얻음.
③ 우유부단: 망설이기만 하고 결정을 내리지 못함.
⑤ 인과응보: 자신이 지은 선악에 따라 행복과 불행이 있음.

9. ① 장애인 복지법: 장애인의 인간다운 삶과 권리를 보장하기 위해 국가와 지방 자치 단체 등의 책임을 밝히고, 장애인의 생활에 필요한 사항을 정한 법률.
② 국가 인권 위원회법: 모든 개인의 인권을 보호하고 그 수준을 향상시키기 위해 국가 인권 위원회를 설립한다는 법률.
③ 아동 복지법: 어린이가 건강하게 태어나 행복하고 건강하게 자랄 수 있도록 그 복지를 보장하려는 법률.
④ 양성평등 기본법: 남녀의 동등한 권리와 책임, 참여 기회를 보장해야 한다는 내용을 담은 법률.

1. ②
2. ⑤
3. (1) 자신을 소중하고 가치 있는 존재로 여기는 마음.
(2) 자신을 하찮게 생각하고 부정적으로 평가하는 마음.
4. ③
5. ⑤
6. ①
7. ②

2. ② 허영심: 자기 분수에 넘치고 실속 없이 겉모습뿐인 화려함에 들뜬 마음.
③ 자격지심: 자기가 한 일에 대해 스스로 부족하게 여기는 마음.
④ 수치심: 스스로 떳떳하지 못하고 부끄럽게 여기는 마음.

6. ② 자신과 남을 비교하고 있다.
③, ④ 자기를 비하하고 있다.
⑤ 긍정적으로 생각하지 않고 있다.

19회 환경 호르몬 피해를 줄이자 75~79쪽

1. 환경 호르몬
2. ③
3. ⑤
4. 생물체, 화학
5. ④
6. ④
7. ⑤
8. ④
9. ②
10. 호르몬, 아토피, 성장, 용기, 모기장, 플라스틱, 손, 운동

7. ⑤ 스테인리스 스틸: 여러 금속을 섞어 녹이 슬지 않게 만든 철.

8. ④ 랩도 화학 물질로 만들기 때문에 조심히 사용해야 한다.

20회 합리적인 소비 80~83쪽

1. 합리적
2. ③
3. 자신에게 필요한 것을 계획에 따라 구매하는 일.
4. ⑤
5. ④
6. [마]
7. ④
8. ②

2. ① 무슨 일이나 그 일의 시작이 중요하다는 말.
② 말조심해야 함을 비유적으로 이르는 말.
④ 쉽고 간단한 일도 해낼 능력이 없으면서 단번에 어렵고 큰일을 하려고 나서는 것을 이르는 말.
⑤ 잘 아는 일이라도 꼼꼼히 주의하라는 말.

4. ① 이 글은 '합리적인 소비를 하자'라고 주장하는 글이다.
②, ④ [가]: 합리적으로 소비하자.
[나]: 합리적인 소비 방법 ① 예산 세우기
[다]: 합리적인 소비 방법 ② 정보 알아보기
[라]: 합리적인 소비 방법 ③ 순위 정하기
[마]: 합리적인 소비 방법 ④ 메모하기
[바]: 합리적인 소비 방법 ⑤ 과시 구매, 모방 구매하지 않기
[사]: 합리적인 소비 방법 ⑥ 용돈 기록장 쓰기
[아]: 어려서부터 합리적 소비 습관을 들이자.
③ [라]에서 치킨과 짜장면을 예로 들어 기회비용이라는 개념을 설명했다.

6. 현진이는 메모해 가지 않아 살 물건이 기억나지 않았다. 메모와 관련 있는 부분은 글 [마]다.

정답과 해설 **9**

1. ①
2. ⑤
3. ③
4. 사랑의 선교회
5.

(1) 평화의 마을	버려진 아이들
(2) 죽음을 기다리는 집	나병 환자들
(3) 때 묻지 않은 아이들의 집	죽어가는 빈민들

(1) → 죽어가는 빈민들
(2) → 버려진 아이들
(3) → 나병 환자들

6. ②
7. 간디
8. ④
9. ④
10. ②

1. ① 국장: 나라에 큰 공이 있는 사람이 죽었을 때 국가가 돈을 내어 치르는 장례.

9. ① 모양이나 형편이 서로 비슷하고 인연이 있는 것끼리 서로 잘 어울리고, 사정을 보아주며 감싸 주기 쉬움을 비유적으로 이르는 말.
② 원인이 없으면 결과가 있을 수 없음을 비유적으로 이르는 말.
③ 자기주장을 지키지 못하고 이익이나 상황에 따라 이리저리 말과 행동을 바꾼다는 말.
⑤ 사람의 속마음은 매우 알기 힘듦을 비유적으로 이르는 말.

10. ① 신라 때의 신분 제도.
④ 중국 한나라의 고조가 실시한 지방 통치 제도.
⑤ 빈 병이나 깡통 따위의 회수율(도로 거두어들이는 비율)을 높이기 위해 금액을 높여 판매하고, 빈 병, 깡통 따위를 가져오면 그 금액을 돌려 주는 제도.

1. ②
2. 숙주(숙주나물)
3. ③
4. ②
5. (1) (아름드리) 버드나무, (2) 냅코 작전
6. ①
7. ⑤
8. ⑤
9. ③
10. (1) 박용만, (2) 서재필

1. ② 퇴사: 회사를 그만두고 물러남.

7. ⑤ 이 글에 유일한의 환경 운동과 관련한 내용은 담기지 않았다.

8. ⑤ 유일한은 회사를 공정하게 운영하기 위해, 자신이 죽기 전에 아들과 조카를 물러나게 하였다. 또 필요한 돈을 남기고 나머지 재산을 사회와 교육 사업에 기부하였다.

9. ① 몽타주: 영화나 사진에서, 따로따로 촬영한 화면을 적절하게 떼어 붙여서 하나의 새로운 장면이나 내용을 만드는 일.
② 프로타주: 나뭇조각이나 나뭇잎처럼 울퉁불퉁한 물체에 종이를 대고 색연필, 크레용 따위로 문질러 거기에 베껴지는 무늬나 효과를 응용한 미술 기법.
④ 콜라주: 화면에 종이, 인쇄물, 사진 따위를 오려 붙이고, 그림을 그려 작품을 만드는 일.
⑤ 아상블라주: 잡동사니나 일상적 대상들을 한 화면에 입체적으로 조합하는 경향.

23회 개아미 96~97쪽

1. 개아미
2. ⑤
3. 진달래꽃, 봄날
4. 봄, 집, 개미
5. ③
6. ④
7. ②

2. ④ 말하는 이 자신의 고달프고 부지런한 삶을 개미에 반영하여 나타내었다.

3. 진달래꽃은 봄에 핀다.

6. '고달피 부지런히 집을 지어라.' 이 부분에서 말하는 이가 고달픈 개미의 모습을 안쓰럽게 생각하는 모습이 보인다.

24회 나무는 발만 덮고도 98~99쪽

1. ①
2. ④
3. 발
4. ⑤
5. ④
6. ③

3.4. 나무를 사람처럼, 나뭇잎을 옷처럼 나타냈다. 여름에 나뭇가지(손)로 푸른 나뭇잎(조각천)을 짜면 그것이 가을에 단풍(물들임)이 들었다가 떨어져 밑동(발)을 덮는다는 내용이다.

6. ② 낙엽이 지는 모습을 슬프다고 할 수도 있으나, '봄꿈을 꾼다'라는 부분의 '희망'이 이 시의 주제다.

25회 바람과 빈 병 100~101쪽

1. ②
2. ③
3. 놀아 주려고.
4. ① ×, ② ○, ③ ×
5. 휘파람
6. ③

1. ①
2. ⑤
3. 줌
4. ②
5. ④

1. ⑤
2. ⑤
3. ③
4. 삼팔선
5. 북쪽, 겨울, 삼팔선, 갑갑하다

2. ① 편지의 형식은 다음과 같다. '부르는 말-첫인사-하고 싶은 말-끝인사-쓴 날짜와 쓴 사람'
② 2연을 통해, 말하는 이가 아직 편지를 부치지 않았음을 알 수 있다.
③ 외형률: 글자 수(음수)나 끊어 읽기(음보) 등이 규칙적으로 반복하여 생기는 운율(박자감, 리듬감). 내재율: 겉으로 드러나지는 않지만 시 안에 은근히 담겨 있는 운율.
이 시에는 외형적으로는 드러나지 않는 운율(내재율)이 있다.
④ 2연에 반복되는 시어가 나타나기는 하지만, 시에 전체적으로 깔려 있는 느낌은 '누나에 대한 그리움과 그로 인한 슬픔'이다.

5. ③ 눈을 편지로 부친다는 표현을 재미있게 느낄 수 있다. 하지만 이 시에서 전반적으로 느낄 수 있는 '누나에 대한 그리움'을 언급한 ④가 느낌을 가장 잘 표현하였다.

1. ⑤ 이 시의 시대적 배경은, 일제 강점기 직후 삼팔선으로 남북이 나뉘어 있던 1940년대 후반이다.

3. ③ 이 시는 비유법이 적게 사용되어 담백하게 쓰였다. 또 반복되는 표현도 거의 없다. 하지만 구어체(글에서 쓰는 말투가 아닌, 일상적인 대화에서 주로 쓰는 말투)가 쓰여 친밀함을 느낄 수 있다.

28회 금시계 106~111쪽

1. 누명
2. 목장
3. ④
4. ②
5. ③
6. ③
7. ⑤
8. 전당표
9. ①
10. ④ → ③ → ⑥ → ① → ② → ⑤
11. ②

9. [마]의 "우리도 가난하지 않을 날이 있겠지. 가난한 탓밖에 무슨 탓이 있겠니" 하는 부분에서 답을 유추할 수 있다.
또, 이 글의 결말과 어울리는 사자성어는 ④다.

29회 진정한 친구 112~117쪽

1. ①
2. 맞장구
3. ③
4. ⑤
5. ① ×, ② ×, ③ ○, ④ ×, ⑤ ×, ⑥ ○
6. ⑤
7. ③
8.

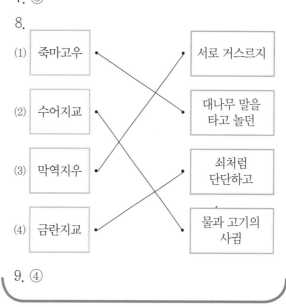

9. ④

7. ① 소설에서, 사건을 시간의 순서에 따르지 않고, 순서를 뒤바꾸어 진행하는 방식.
② 소설에서, 사건을 시간의 흐름에 따라 진행하는 방식.

30회 마지막 잎새

1. 그리니치 빌리지
2. ③
3. ②
4. 팔레트
5. ③
6. ⑤
7. ②
8. ⑤
9. 나폴리 만
10. ④
11. ①
12. ②
13. ③
14. ③ → ① → ⑤ → ④ → ②

2. ③ 친구를 위해 간호와 조언을 하는 수, 존시를 위해 비바람을 뚫고 담벼락에 마지막 잎새를 그려 놓은 베어먼을 통해 따뜻한 인간애를 느낄 수 있다. 또 존시의 모습에서 삶의 희망이 얼마나 중요한지를 알 수 있다.

5. ③ 담쟁이덩굴 잎이 모두 떨어지면 자신도 죽게 될 것이라고 생각한 사람은 존시다.
④ 실제 담쟁이덩굴 잎은 다 떨어졌다. 베어먼 씨가 그린 나뭇잎만 남아 있을 뿐이다.

10. ④ 담쟁이덩굴 잎사귀를 보면서 삶의 희망을 놓으려는 모습에서 답을 유추할 수 있다.

31회 별

1. ④
2. ①
3. 스테파네트(아가씨)
4. ③
5. ④
6. ⑤
7. ②
8. ①
9. ⑤
10. ④

이 글은 알퐁스 도데의 〈별〉이라는 작품으로, 대부분 그대로 옮겼으나, 뒷부분에서 '나'가 아가씨에게 별을 설명하는 부분은 일부 생략하였다.

1. ㉠의 '치다'는 '가축을 기르다'의 뜻으로 쓰였다.
① 세게 부딪게 하다.
② 큰 소리나 빛을 내면서 일어나다.
③ 설치하다.
⑤ 뿌리다.

2. ㉡에 쓰인 표현법은 직유법이다. '○○이 △△처럼 어떻다.'라는 식의 표현 방법이다. '노새의 방울 소리'를 '성당 종소리'에 직접 비유하였다.
② 은유법.
③ 의인법.
④ 의인법.
⑤ 묘사.

7. ㉣의 앞부분을 보고 유추할 수 있다. '지저분하지만, 내가 마련해 놓은 울타리 안에서, 양처럼 순수한 아가씨가 내 보호를 받으면서 마음 놓고 쉬고 있다는 생각에 뿌듯했다.'

8. ① 별이 희미하게 보이는 것은 해가 떴기 때문이다.

32회 큰 바위 얼굴   132~138쪽

1. ②
2. 예언
3. ②
4. 개더골드는 거지들에게 겨우 동전 몇 푼을 떨어뜨렸다.
5. ④
6. ③
7. ⑤
8.

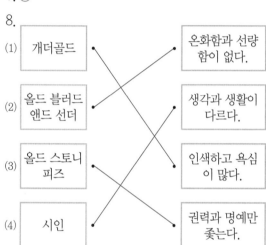

(1) 개더골드	온화함과 선량함이 없다.
(2) 올드 블러드 앤드 선더	생각과 생활이 다르다.
(3) 올드 스토니 피즈	인색하고 욕심이 많다.
(4) 시인	권력과 명예만 좇는다.

9. 어니스트
10. ① ×, ② ×, ③ ○, ④ ×, ⑤ ○
11. ④
12. 큰 바위 얼굴, 올드 블러드 앤드 선더(장군), 올드 스토니 피즈, 시인

10. ⑤ 강연장에서 어니스트야말로 큰 바위 얼굴이라며 시인이 사람들에게 소리쳤다.

33회 베니스의 상인   139~145쪽

1. ⑤
2. ③
3. ⑤
4. ①
5. 3,000더컷
6. ④
7. ⑤
8. ④
9. ⑤
10. ④
11. ①
12. ③
13. ④

1. ⑤ 재판관은 포셔다. 포셔는 안토니오의 친구가 아니다.

6. ⓑ은 바시니오의 하인인 그레시아노가 한 말이다. 나머지는 샤일록의 말이다.

7. ⓐ에서 빌린 돈(3,000더컷)의 세 배를 받겠다고 하였다. 3,000×3=9,000더컷.

11. 자신의 속내를 드러내지 않고 안토니오를 죽이려는 계획을 짠 것에서 ②, ③, ④, ⑤를 유추할 수 있다.

34회 바보 이반 146~153쪽

1.

(1) 첫째 —— 티라스 —— 군인
(2) 둘째 —— 이반 —— 장사꾼
(3) 셋째 —— 시몬 —— 농사꾼

2. 훼방

3. ④

4. ⑤

5. ④

6. ③

7. ③

8. (1) 배, (2) 병든 개(이반이 기르던 개),
　 (3) 거지

9. ④

10. ②

11. ②

12. ⑤

13. ⑤ → ③ → ⑥ → ① → ② → ④

3. ④ 굳은살: 손바닥이나 발바닥에 생긴 두껍고 단단한 살.

9. ④ 도둑의 상황을 이해해 주었을 뿐, 지원하지는 않았다.

35회 까치를 기다리는 감나무 154~160쪽

1. ⑤

2.

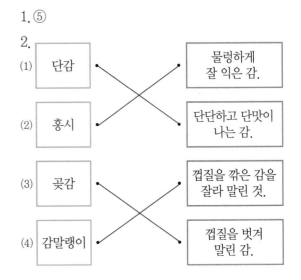

(1) 단감 —— 단단하고 단맛이 나는 감.
(2) 홍시 —— 물렁하게 잘 익은 감.
(3) 곶감 —— 껍질을 벗겨 말린 감.
(4) 감말랭이 —— 껍질을 깎은 감을 잘라 말린 것.

3. ⑤

4. 까치에게 주려고 남겨 둔 감.

5. 텃밭, 블록담, 초가지붕, 파란 양철 대문

6. ④

7. ④

8. ②

9. ③

10. ②

11. ①

6. ④ '할머니와 늙은 감나무와 까치들! 지금은 모두 돌아올 수 없는 먼 나라로 사라져 갔지만, 파란 양철 대문 옆에 새로 심은 돌이네 새 감나무에는 첫 감이 다섯 개 열렸다.' 이 부분에서 마당 한가운데에 있던 감나무가 사라졌음을 알 수 있다.

9. ③ 돌이는 할머니가 까치가 되어 감을 먹고 갔다고 생각하고 있다.

10. ② '돌이네 집 식구들은 감을 한 개도 따지 않고 모두 까치밥으로 남겨 두었다.' 이 부분을 통해 돌이네 식구들이 할머니를 그리워하고 있음을 알 수 있다. 돌이는 할머니가 까치가 되어 날아와서 까치밥을 먹은 것으로 생각하고 있으므로 반가운 목소리로 읽는 것이 타당하다.